AF607283

Todos los libros de Linkgua Ediciones cuentan con modelos de Inteligencia Artificial entrenados por hispanistas. Pregúntale al chat de tu libro lo que desees acerca de la obra o su autor/a.

Para ebooks: Accede a nuestro modelo de IA a través de un enlace.

Para libros impresos: Escanea el código QR de la portada con tu dispositivo móvil.

Obtén análisis detallados de nuestros libros, resúmenes, respuestas a tus preguntas y accede a nuestras ediciones críticas generativas para una experiencia de lectura más enriquecedora.
La transparencia y el respeto hacia la autoría de las fuentes utilizadas son distintivos básicos de nuestro proyecto. Por ello, las respuestas ofrecen, mediante un sistema de citas, las fuentes con las que han sido elaboradas.

José Lezama Lima

Vuelvan crepúsculos y flautas

Compilación de Carlos Espinosa Domínguez

Barcelona 2025
Linkgua-ediciones.com

Créditos

Título original: Vuelvan crepúsculos y flautas.

© 2025, Red ediciones S.L.
© Herederos de José Lezama Lima

e-mail: info@linkgua.com

Diseño de la colección: Michel Mallard.

ISBN rústica ilustrada: 978-84-9953-860-0.
ISBN tapa dura: 978-84-1126-662-8.
ISBN ebook: 978-84-1076-004-2.

Cualquier forma de reproducción, distribución, comunicación pública o transformación de esta obra solo puede ser realizada con la autorización de sus titulares, salvo excepción prevista por la ley. Diríjase a CEDRO (Centro Español de Derechos Reprográficos, www.cedro.org) si necesita fotocopiar, escanear o hacer copias digitales de algún fragmento de esta obra.

Sumario

Introducción

A excepción de *La expresión americana* (1957), en donde reunió las cinco conferencias leídas por él en La Habana, en el Centro de Altos Estudios del Instituto Nacional de Cultura, en enero de 1957, los otros títulos ensayísticos que publicó José Lezama Lima (1910-1976) son recopilaciones de textos diversos que previamente él había dado a conocer. Así fue como surgieron *Analecta del reloj* (1953), *Tratados en La Habana* (1958) y *La cantidad hechizada* (1970), volúmenes en los cuales recopiló trabajos que en su momento vieron la luz en revistas y periódicos o que fueron redactados para servir de prólogos a antologías y obras de otros autores.

Aunque ninguno de esos libros lleva palabras introductorias de su autor, no resulta muy difícil deducir la pauta a partir de la cual los estructuró. Entre todo lo que hasta ese momento había escrito, seleccionó aquellos textos que consideró mejores, más logrados o más representativos de su quehacer crítico y reflexivo. En esa operación de criba, era inevitable y lógico que algunas páginas quedasen fuera. Debe considerarse además que en el caso de los libros aparecidos antes de 1959, Lezama Lima se veía obligado a tomar muy en cuenta otro aspecto mucho más prosaico: el costo que implicaba el aumento del número de páginas. Comentó acerca de ello más de una vez, y de manera específica lo hizo al responder a una encuesta realizada por el suplemento cultural *El Caimán Barbudo*. Allí expresa:

> Nosotros hicimos durante años la revista *Orígenes*, y la hicimos con grandes dificultades, en tiradas de muy pocos ejemplares. Las ediciones Orígenes, que nosotros imprimimos siempre en la

> Casa Úcar García y Cía. de la cual era dueño un gran español y un gran cubano, Fernando García Mora —un impresor que amaba la cultura— las pagábamos gracias a los plazos muy cómodos que nos daba García. (Tan cómodos, que a veces nos adormecíamos en esa comodidad y casi ni se le pagaba.) Era muy difícil para nosotros hacer un libro. Recuerdo que empecé a trabajar ganando 40 pesos y el primer sueldo lo gasté en la Casa Úcar García y Cía., para publicar mi primer libro. Lo pagué a plazos. Imagínense lo que significaba con un sueldo de 40 pesos pagar plazos de 10 a 15 pesos.[1]

En todo caso y cualesquiera que sean las razones por las cuales lo hizo, Lezama Lima dejó unos cuantos trabajos no recogidos en libro. Mas existe una ley no escrita de acuerdo a la cual una vez que un escritor fallece, sus textos inéditos o dispersos tarde o temprano terminan publicándose. Algo que también se ha venido a cumplir con el autor de *Paradiso*. Así, cuando ya su obra parecía cerrada la Editorial Letras Cubanas puso en circulación *Imagen y posibilidad* (1981), una recopilación de ensayos y artículos hecha por Ciro Bianchi Ross, a quien también hay que agradecer las ediciones de *Diarios: 1939-49 / 1956 / 58* (1994), *Como las cartas no llegan* (2000) y *Lezama disperso* (2009). Aquel libro significó una significativa aportación a la bibliografía lezamiana, pues permitió que se recuperasen páginas tan valiosas como las que el escritor dedicó a Juan Clemente Zenea, García Lorca, Emilio Ballagas, Amelia Peláez, así como la carta abierta que dirigió a Jorge Mañach, en la famosa polémica que ambos sostuvieron. Igualmente valioso fue *Fascinación de la memoria* (1993), en donde Iván González

1 «1902-1959. El libro como mercancía», *El Caimán Barbudo*, n. 33, agosto 1969, sin página.

Cruz reunió ensayos, pensamientos, décimas y cartas que un año antes habían sido dados a conocer en dos números especiales de la revista *Albur*.

Al igual que las recopilaciones antes mencionadas, aunque por supuesto en una medida mucho más modesta, los trece textos que aquí se rescatan no van a modificar en lo esencial la imagen de la obra lezamiana, pero sí van a contribuir a una comprensión más integral de ella. Asimismo y lejos de constituir «despojos», se trata de páginas que, en su mayoría, Lezama Lima redactó en su etapa de madurez como escritor. Eso se aprecia de manera obvia en los siete trabajos aparecidos en el *Diario de la Marina*, seis de los cuales fueron por cierto sus últimas colaboraciones para ese periódico. Allí vuelve sobre figuras tan admiradas por él como Juan Ramón Jiménez, Arístides Fernández, Julián Orbón y Alfredo Lozano, de quienes ya se había ocupado antes. Son textos cuya lectura sirve para calibrar la gran estatura literaria que Lezama Lima alcanzó como ensayista. El hecho de que no figuren en *Tratados en La Habana* no debe interpretarse como que él los excluyese y prefiriera relegarlos al olvido en la prensa. La explicación es mucho más sencilla: redactó esos artículos cuando ya había entregado al Departamento de Relaciones Culturales de la Universidad Central de Las Villas los originales de ese libro. La prueba evidente es que aparecieron por los mismos meses en que se publicaban comentarios críticos sobre *Tratados en La Habana* firmados, entre otros, por Cintio Vitier y Anita Arroyo.

Como es natural, no debe buscarse en este puñado de textos más coherencia que aquella que les confiere la firma del autor. Es suficiente decir que, más allá de la diversidad de temas y de los años que separan unos de otros, en todos es indeleble la pluma de Lezama Lima. Baudelaire sostenía que es imposible que un poeta no contenga en sí un crítico. Y si bien esto no siempre se cumple, es algo que por lo menos el autor de *La fijeza* sí confirma. Sus textos ensayísticos y críticos participan de los vastos desenvolvimientos verbales de su obra poética, de esas imágenes que adquieren un carácter casi absoluto.[2] Pero leerlos desde la simplificación de su imaginación poética es un modo de leerlos mal. En ellos Lezama Lima despliega además una riqueza interpretativa, una impresionante erudición y una sutileza de análisis que los legitimizan plenamente como obras reflexivas. Al respecto, me parece oportuno reproducir la atinada opinión del crítico peruano José Miguel Oviedo, para quien la tendencia al retruécano, las espirales envolventes y la oscuridad del autor de *La expresión americana* «no es, como en muchos otros ensayistas que ahora lo imitan, una pose de mandarín intelectual *à la mode*: es el fruto natural de un saber intoxicante que se desborda en una prosa cuyo flujo tiene algo de incantatorio y ritual».[3]

Aunque se divulgaron en su momento, hace ya varias décadas, estos trabajos que aquí se rescatan y reúnen hoy son totalmente desconocidos. Y de no haberse recuperado en este libro, habrían continuado siéndolo para los lectores de hoy.[4] Constituyen nuevas páginas a sumar a las obras completas de un escritor deslumbrante, y también una oportu-

2 Guillermo Sucre: *La máscara, la transparencia*, Monte Ávila Editores, Caracas, 1975, pág. 182.

3 José Miguel Oviedo: *Breve historia del ensayo hispanoamericano*, Alianza Editorial, Madrid, 1990, pág. 106-107.

4 Quiero expresar mi agradecimiento a dos personas que me ayudaron a localizar algunos de los trabajos: la investigadora Cira Romero, del Instituto de Literatura y Lingüística, y Lesbia Varona, de la Cuban Heritage Collection, de la Universidad de Miami.

nidad para que lo conozcamos un poquito más. Son, no obstante, textos para sibaritas e incondicionales de Lezama Lima, no para iniciados. Los disfrutarán realmente quienes accedan a ellos no como un primer acercamiento, sino como un reencuentro con una obra ya conocida.

A esos trece textos, que constituyen la columna vertebral de este libro, me ha parecido útil incorporar tres trabajos de origen periodístico que tienen como centro al autor de *Paradiso*. Al igual que las páginas a las cuales sirven de complemento, su rescate permite que puedan ser accesibles al lector de hoy. Pese a que fueron concebidas para publicaciones no especializadas, estas entrevistas poseen el interés de aportar datos e informaciones proporcionados por el propio escritor, quien a diferencia de otros creadores opinaba que «toda verdad necesita ser conversada, humanizada. Es más, podríamos decir que lo que no es conversado no está al nivel del hombre». E incluso comentó que le gustaría «tener siempre un tiempo mágico, para dedicarlo a los placeres de la conversación».[5]

Carlos Espinosa Domínguez

5 Centro de Investigaciones Literarias de la Casa de las Américas: *Interrogando a Lezama Lima*, Editorial Anagrama, Barcelona, 1971, págs. 71 y 73.

I

Inicial

No hay duda alguna que nuestra Universidad en su fase actual —consecuencia de etapas sucesivas de ociosas vacaciones y de entusiasmos superficiales—, atraviesa el momento subrayable en que el dolor de no haber sabido articular su expresión, empieza a recorrerla. Es ya un claro signo. Quisiera la revista *VERBUM*, ir despertando la alegría de las posibilidades de esa expresión, ir con silencio y continuidad necesarias reuniendo los sumandos afirmativos para esa articulación que ya nos va siendo imprescindible, que ya es hora de ir rindiendo. La Universidad ha sido hasta ahora un mero eco de las equivocaciones radicales que dentro del *demos* suelen presentarse en forma de llamadas contradictorias y de antinomias irresolubles lo que aparece claro y cernido trasladado a las esencias del ser. Estamos urgidos de una síntesis, responsable y alegre, en la que podamos penetrar asidos de la dignidad de la palabra y a las exigencias de recalcar un propio perfil, un estilo y una técnica de civilidad. La función y la búsqueda de ese estilo, consistirán en el necesario aislamiento y rescate de aquellas fuerzas de sensibilidad y de fervor que puedan pasar a esa síntesis, dignidad rectora del ser que desplaza forzosamente el símbolo de la nueva ciudad dignificada.

Frente a la afirmación pesimista de la decadencia universitaria, afirmemos que ya son muchas las voces que empiezan a oírse para situarle a la Universidad una equidistancia de la irresponsabilidad multitudinaria como del pragmatismo del especialista, incapaz de brindarnos una decisiva conclusión de unidad y de fervor. Desde el humanismo clásico, reclamado por Paul E. More y E. R. Curtis, hasta el humanismo integral que se está dictando de nuevo en la severa cátedra escolástica de Maritain, parece que la Universidad asumirá una suprema postura de dignidad disciplinante, que no será el simple virtuosismo, que no será la jaculatoria, el grito o el aspaviento.

La revista *VERBUM* quisiera hacer entrega de la precisa claridad que le anima en la serie sucesiva de sus números, más que en la momentánea facilidad de unas promesas, de un puñado de intenciones.

(*Verbum*, n. 1, junio 1937)

Salón 1938

I

No hay que creerse obligado, mero desfile o tedioso paseo de itinerario subrayado, en estas salas abundosas de maneras y de obras, a comunicarse con cada uno de los envíos por medio de las frases de consolación, y en más mezquindad, de simple galantería. Es necesario obviar, hay prisa y la simple enumeración debe fugarse para aprovechar su tiempo en sorprender la posible atmósfera creada por la calidad, el acierto y aun por aquellas directrices plásticas que no realizadas aún entre nosotros pueden henchirse en posibles granazones. Una obra puede mostrar su logro, bien ocupando un espacio suculento en la isla individual que la expele: crisis de la conciencia resuelta en el sí paradisíaco de las formas, huida de lo inefable ante la exacta representación, queda el diestro manteo, el gesto de banderillazo. O bien la intuición de verticalidad histórica, de enraizamiento iluminado a mágico, aunque se pague en buena moneda de indecisión técnica, y los primores formales quedan rezagados por el convite al diálogo histórico o al apoderamiento de lo circunstancial trascendente, único. Pluralidad nutridora y no obstante expresión unívoca, intraspasable expresión formal. En dos características esenciales podemos situar el nuevo sesgo asumido por la pintura: la vuelta al motivo y a la realidad plástica. Estos conceptos requieren una breve estación de parada, dada la pobre funcionalidad que tuvieron para otras generaciones pictóricas que veían en el realismo, copia, y en la motivación, un triunfo de lo pasajero anecdótico sobre la categoría trascendente. Es ahora el mismo André Gide, enclavado durante tanto tiempo en los individualísimos problemas de la crisis de la conciencia —doble mérito en su postura— quien reclama el *retour au sujet*. Esta nueva directriz emparienta con valiosas adquisiciones en otras parcelas de la sensibilidad, por ejemplo, la novelística de Malraux, el nuevo romancero de la guerra española, donde se va luciendo en forma total para el hombre, para el arte y para la historia, aquel problema crucial en que el carro del arte pareció atascarse, al no encontrar la criatura orgullosa su inserción digna y cabal en lo temporal, habitando suntuosas paredes babilónicas de orgullo súper-histórico. Pero sobrevino el hastío y la solución en pro del humanismo rescatador, que sumergía de nuevo al hombre en su soberbia de creación, reconociendo el libre desenvolvimiento en la gran aventura de la creación artística, pero también su justificación, su salvación ganada ante todos y día a día. La circunstancia histórica se definió en la soberbia del artista y este a su vez se insertó en un momento histórico comprometido, para asegurarse en la justeza de esta reversibilidad, de la legitimidad de su diálogo, de la buena ruta asumida por su trabajo de salvación. Expliquemos esto de la vuelta al motivo y del neorrealismo plástico. De esa laxitud que se ha ido apoderando del artista como una trampa de humo asiático, la presencia del motivo puede servir de estimulante que nos ayude a escapar con un pedazo de accidente, que nuestros recursos conocibles incorporen a la propia simpatía de creación, bien por el agrado, las afinidades voluptuosas, o por la gracia de su llegada, de la cual sería anunciación la pureza de los instrumentos que el artista haya ganado para incorporar el mundo exterior a las emisiones de su sustancia creativa. Si es cierto e indiscutible que en los últimos años el artista se ha gozado en habitar el hilo en que se confunden el ego excesivamente agrandado con la nada, hilo que se ha ido destruyendo hasta llevar el arte a un sádico problematismo. Sería, sin duda, la mejor salida cualquier solución que trate de situar de nuevo al hombre en una mágica actitud descubridora, tratando de conectar esa porciúncula secreta de su personalidad con el contorno. El motivo, en esa actitud estimulante en que tratamos de enarcarlo, sería un compromiso y una gimnástica alegría, nunca una inocentada por el mero incidente que pasa, por la intrascendente anécdota que rueda.

Con respecto al neorrealismo, la alusión a Velázquez es obligada y extremadamente aclaradora. Hay en algunos de sus cuadros un respeto, ya que no un mero traslado, del que le apartaría su distinción y su nato buen gusto, por la motivación enfrentada, pero en otros cuadros, «Jardines de la Villa Médicis», nos revela de pronto la gracia con que ha sido escogido ese trozo de espacio que él va a recrear. Pudiéramos decir que la gracia o el iluminismo de este realismo ha sido describir la oportunidad de descubrir bien un lujo de ese contorno, o la propiciación que él brindaba para que el artista le echase la trampa de sus diálogos. Ese realismo que en Europa tendría que ser extremadamente riesgoso, dado que ese contorno circunstancial, ha sido como la diaria piel del artista. Pero entre nosotros ese neorrealismo puede ser la primera y más fácil solución de la paradoja que parece enclavar el arte americano: verse obligado con el instrumental entregado por los europeos, a enfrentarse con un contorno para el cual sería quizás inadecuada, o que no ha sido creada con la pronta fuerza fundacional que el deseo de su expresión adoptara.

Entremos ahora en las maneras y estilos que este *Salón 1938* nos brinda, y hagamos pausa en aquellos artistas que más han logrado retenernos.

La tendencia clásica está representada por dos pintores como Carreño y Serra Badué. Aquél muy metido en el clasicismo de Ingres, David y Delacroix, tendencias a las que ha llegado más conducido por Jaime Colson, que por una búsqueda continuada o una profunda afinidad de expresión. Además este clasicismo francés, que no es precisamente el griego, sino calco de mitologías y temarios de la cultura greco latina, está lo más opuesto a aquellos lineamientos de la sensibilidad que culminan en la producción de una obra clásica, es decir, definición, dominio, serenidad. *El Desnudo*, con un criterio simplista de la composición y con una muy visible manera de resolver los problemas del color tomándoselos a Colson, nos parece una muestra de sumar pictóricos, diestramente situados desde un punto de vista formal, meramente exterior, pero sin formar una congruente unidad productora. El *Retrato*, opulento, entonado en azules almibarados, responde más a un criterio dogmático, de un clasicismo de a principio del siglo pasado, que está ya muy cerca de un romanticismo, que no es lo uno ni tampoco alcanza a lo otro, impura situación para una obra de arte. Quien se busca, nos dice la vieja frase pascaliana, corre el riesgo de encontrarse. Éste es el riesgo, Carreño, que deseamos para usted en próximas aventuras. No nacerán éstas de la copia de un Ulises anterior, sino de un profundo ánimo viajero.

En la misma tendencia Serra Badué, también peca de emplear insistentes y monotonados elementos de composición. Extremadamente decorativo se le ve emplear los mismos recursos obtenidos con idéntico recetario. No se puede adquirir un concepto de lo clásico a través de una técnica formalista, invariable, sino poniéndose en contacto con aquellas directrices de sensibilidad que son capaces de producir un verdadero espíritu clásico. La forma clásica quedará en la obra de arte como una decantación adquirida quemando las etapas, nunca como producto de diestros cubileteos y de fórmulas diestras.

Víctor Manuel envía su conocida *Gitana Tropical 1929* que es uno de los aciertos más encalidecidos de la pintura cubana de los últimos diez años. Azules y grises de una entonación exquisita se unen al fondo de una desolación excitante, pero donde la figura resuelve en trabada síntesis, el color de un trópico depurado con residuos de humedad parisina y una serenidad que brota de un agudo concepto artístico y de un dominio de sus posibilidades. En nuestra pintura y en la producción de este pintor, esta obra tiene un claro lugar de símbolo y calidades ejemplares.

II

Gattorno y Abela, representan la tendencia vernácula, tanto en la motivación como en el color. Vamos a detenernos en Abela, pues el cuadro de Gattorno nos parece que no resuelve lo que el pintor se ha propuesto realizar. En los cuadros expuestos por Abela, preferimos *Santa Fe* y *La Novia* pues en los *Guajiros*, nos parece que se detiene en la simple realidad de un motivo de estampa o de una interpretación folclórica. Los otros dos cuadros nos ofrecen calidades muy estimables. Nosotros hemos desconfiado siempre de buscar lo vernáculo a través de lo externo, fácilmente captable. Es un problema de atmósfera, de luz, de misterio, el que tienen que resolver nuestros pintores. Nos atrevemos a hacerle a Abela ciertos reparos en cuanto a su actual y preferida manera de resolver los problemas del color, a pesar de que no desconocemos su búsqueda continuada y lo valioso de sus ensayos. Esa calidad espejeante que usted persigue en la actualidad para casi todas sus telas, extremadamente alisada, nos parece propia para la madera, pero en la tela produce cierta uniformidad, lo que se ve, estudiando las semejanzas de las casas que aparecen en *Guajiros*, igualdad que desaparecería en parte por la natural absorción de la tela empleada con distinto procedimiento. La razón, nos dice Giorgio de Chirico en su seguro *Pequeño tratado de técnica pictórica*, por la que muchos cuadros de Courbet están hoy totalmente oscurecidos, es debida al uso inmoderado que hacía del barniz mientras pintaba. De los tres cuadros enviados por Abela, preferimos *Santa Fe*, donde apartándose de la estampa o motivo ya utilizado, logra una calidad segura y admirablemente apretada. De todos los cuadros de la exposición nos parecen los de Abela los que plantean más agudos problemas de técnica y de ruta artística, resolviéndolos casi siempre con limpidez y dominio certeros, aunque los procedimientos seudo primitivos puestos en marcha para alcanzarlos nos ponen un tanto en guardia.

De los dos cuadros de Arche, preferimos *Mi mujer y yo*. Dentro de la tendencia exacta y enjundiosa de color, que ya señalaba su *Marinero* y su *Autorretrato*, esos cuadros de Arche aparecen quizás en la exposición como el más logrado ejemplo de economía artística, pocos elementos utilizados, pero los que aparecen, producen un máximo de eficacia. Cierto es que las figuras de Arche adolecían de un excesivo estatismo y de cierta brusquedad e irresolución en sus contornos, lo que el pintor ha ido superando en sus cuadros más recientes. La exactitud, el cultivo y morosidad en los detalles, la pureza de sus recursos pictóricos, le convierten, entre los pintores más jóvenes, en el más diestro y seguro, y como consecuencia aparece en él cierta antipatía por todo lo que sea imaginación desabrochada, obligándose así, cosa que siempre es reclamable, en próximos cuadros a aumentar su empuje aventurero por hacer más viviente la forma.

Mariano Rodríguez y Portocarrero, recurren, el primero muy visiblemente a soluciones y motivos otorgados por la pintura mexicana; y el segundo, del cual conocemos dibujos de una mantenida calidad, a fórmulas picasistas. La juventud de estos dos pintores, convierte estas lecciones en ricas influencias. Una de las señales más visibles de la calidad de un artista, la entrega su método escogido, sea cualquiera el camino posteriormente electo. El retrato de *Zora*, disminuye su calidad, bien adquirida en el vigor con que aparece la figura, por la pobreza de uno de los paisajes, tratado con la simplicidad de una viñeta coloreada. *Unidad*, uno de los mejores cuadros de la exposición, representa que ya nuestros pintores jóvenes han eliminado definitivamente el surrealismo escolar y buscan junto con una apretada dignidad esencial, claras soluciones de pureza plástica.

Ponce de León, insiste en su única cuerda: fabulación romántica, ambiente desolado. Prodigando los verdes y los grises con una uniformidad académica, rehusando plantearse problemas de composición, resuelve los fondos amontonando espatulazos blancos que terminan forzosamente produciendo una monotonía de girador disco de Newton. Sin embargo, hay en él un fervor que si algún día se alía con la Gracia, podría entregarnos, junto con la ebullición de la materia que utiliza, algo así como la simbólica de una protohistoria desesperada: la estatua de sal, el sueño del sapo incrustándose en la piedra, el río y sus cadáveres. Uno de los niños que observamos en uno de sus cuadros reúne una cara dulcemente infantil y al mismo tiempo una hidropesía que no le impide correr por el prado buscando margaritas y ramas que parecen de almendro, es algo, en verdad divertido y terrible.

Enríquez, no logra resolver en los dos cuadros que ofrece, la paradoja en la que hace tiempo lo vemos enredado: figuras demasiado concretas y directas, que no obstante ambicionan el movimiento de la técnica surrealista. O se recrea el documenta, o se diluye en sus últimas posibilidades de recuerdo y sostén, pero simultanear esas dos rutas engendra superficialidad e inmediatez infructuosa.

Amelia Peláez, en su *Figura*, deja bien patente su señorío en la armonización de colores neutros. Esas fáciles abstracciones que Amelia prodiga en otros cuadros, deben ser ya abandonadas. El contraste entre la calidad de los dos cuadros enviados es visible. Nos extraña la reincidencia de esta pintura de cultivadas aptitudes en ese cubismo y abstraccionismo elementales, que si algunos pintores de talento cultivan todavía, es buscando lo que el cubismo dejó inconcluso, pero nunca en la forma elemental que Amelia prodiga en sus cuadros abstraccionistas.

En escultura, la sorpresa ha sido Lozano. Él ha roto la monotonía de los envíos escultóricos de otros años. Cierto es que le seducen las deformaciones de la escultura precortesiana, pero su *Nosotros*, ofrece un vigor y unas ambiciones, poco comunes en los rumbos de nuestra escultura. Rita logra huir de lo decorativo de otros envíos suyos alcanzando una estilización que, aunque un tanto subrayada, no está exenta de elegancia.

Si fuéramos a resumir el balance de esta Exposición, no vacilaríamos en atribuir a la búsqueda vernácula de Abela, al sereno dominio de Arche, a la vecindad de un logro mejor de Mariano y Portocarrero y a la impetuosidad apretada de la escultura de Lozano, los mejores logros. Es por ahí por donde nos llega, junto con un designio, una humildad de trabajo bien logrado: promisoria espera y rumbosidad insospechada.

(*Noticias de Hoy*, 9 y 10 agosto 1938)

Las nubes de Manuel Altolaguirre

La poesía española de más justa eficacia —Juan Ramón, Guillén, Salinas— había ido adquiriendo una inmóvil textura de flor de almendro. La síntesis de una materia que ya hemos supuesto previamente ocupada por objetos bellos ofrecía seguridades —menos sorpresas. Lo bello que había comenzado a adquirir a través de una artesanía desdeñosa, de talamiento de un medroso bosque, se gozaba después impunemente: la indiferencia, el paseo del gamo encristalado. Pero después de esos días en que se enseñoreaba la flor del almendro, quedaba otra deliciosa ganancia que cumplir: LA JUSTICIA POÉTICA, frase que por estar acuñada por Goethe, nos sorprende doblemente. Nos dice: «La fortuna del vicio y la infelicidad de la virtud, se equilibran por la justicia poética». Es decir, que la JUSTICIA POÉTICA venía como la mejor armonizadora, el delicado punto central que sumaba esbeltas virtudes y tronos y monstruosillos de aliento sofocado. Pero esa justicia poética era nada más que la intimidad y el jugoso mantenedor de lo otro que por encima del linaje del agua o del puntillismo del aire, abría su inmovilidad de belleza alcanzada la flor del almendro. Oigamos esta estrofa de Altolaguirre: «Hoy la flor del almendro conoce las abejas de la muerte». Sí, era necesario. Era la comprobación de la hoguera. Cada palabra, cada gesto, viendo muy de cerca como el fuego podía ir a comprobarle, preguntarle o matarle. En la justicia poética había todo lo necesario para el dios opiado que contempla como el riachuelo va pasando. Se sentaba para presidir, olvidándose del Tiempo. La nube encarnada, o como esta que ahora contemplamos, temporal, lo dejaba tal vez fuera de siesta, sede o rumor. Esa justicia poética que puede mantenerse a expensas del rumor de las abejas de la muerte. Quizás haya llegado para la verdadera poesía española una nueva isla poética: habitar el momento de una vida reconstruida. Una elegía árabe con el contenido de una nostalgia sensual, parece contemplar las nubes que se desprenden eternamente de las ruinas. Ahí la poesía no nace de una ADMIRACIÓN de la delicia de nombrar las cosas, sino de una furia, de la furia de un coro que va hinchando su voz para ser oída por el destino, para dejar constancia de su furor. Jean Cocteau parece añadir a ese momento en que aun la más tenue angiología se arremolina:

> «*Comme l'ange et comme Jacob*
> *Femmes et anges se battent,*
> *Se tirent les cheveux, les robes,*
> *A pleines mains, à quatre pattes.*»

Cualquiera que sea el comportamiento que esta poesía de Altolaguirre adopte como forma de respeto o de su ternura por las cosas, le llegará siempre la altísima oportunidad de haber sufrido una dura prueba de comunión, de nube conminatoria. Así nos dice:

> «Una futura madre
> pequeña entre los astros
> seduce en la alta noche
> el alma del planeta.»

Gozar de una seducción que mantiene tal vez oculta, pero innegablemente punzadora, una furia, mejor, un rapto, ya que la transparencia envolvente parece permanecer inmóvil, pero es toda ella recorrida por un signo de amor comunicado. Así es el signo favorable que parece regir la mayoría de los poemas de Altolaguirre. La seducción de la MATRIA incomunicable cae por intermedio de la noche extensa y bien subjetiva, sobre el planeta blando para la recepción amorosa. Reverso: el planeta girador y el ave que le rodea sin tangencia posible tal como lo vemos en un bello poema de Supervielle:

«Vuela sobre uno y otro
Cruzando día y noche
El ave que sin ruido
Da la vuelta al planeta
Y que jamás lo toca
Y que jamás se para.»

Detrás de esa transparencia —que resguarda una admirable fluidez mediterránea y un fino sentido para el tamaño poético— el dolor muy necesario, pero convertido como era menester en nostalgia, parece irse reduciendo a una movilidad solo poética. Es decir, que aun en el reverso de aquellos poemas, por ejemplo, el que ocupa el recuerdo de García Lorca, se deberá buscar tan solo una justicia o verdad poética que Altolaguirre alcanza con una felicidad muy grata. Con solo proponérselo, y hasta olvidando en ocasiones el camino consuetudinario de la poesía, saltando con una ligereza enteramente diurna. Esa transparencia lavada con agua de mar —y con la natural compañía de Garcilaso y San Juan de la Cruz— levanta no tan solo las escalas para la caída del agua, sino también la esperada quemadura. La transparencia de Altolaguirre no es producida por los residuos de una síntesis de previa poesía, sino por su cercanía con la canción y por su amistad con García Lorca.

Ya es bastante sabido que este grupo levantino —andalucísimo— que cuenta a Altolaguirre entre los suyos, parece irse alejando cada día más de la fluidez exterior, para buscar una poesía aielesca, de luces quietas —delicada y bien visible es entre el grupo la presencia de Shelley—; como antes, siniestra o graciosa, prefería el delfín verbenero. Ahora ya Altolaguirre ha superado la etapa previa de la poesía que solo ondea entre la antología de las palabras mostrando como cuerpo de gloria la levedad del aire recogido en el poema. Goza de un ámbito donde un gesto momentáneo o la introducción a cualquier sonrisa, es recogido presto por su poesía, ya que como lector o intérprete de lo sigiloso, se adentra cada vez más en lo invisible que la mano puede acariciar, pero que él, como buen andaluz, prefiere ocultar entre nostalgias, dioses y ocasos.

(*Acción*, 15 diciembre 1939)

Un cuarteto de Julián Orbón

Muy pocas son las veces en que un trabajador del arte logra un agudo grado de concentración volcado sobre una forma que mantiene preocupadas y vivaces sus esencias. Pero, y la ocasión es de subrayarlo con la levedad de un júbilo en sordina, en el *Cuarteto* de Julián Orbón, nuestra música adquiere una seguridad en su paso acompañada de voraces preocupaciones estilísticas. Por momentos en que se lograba un clima en la dignidad de la preocupación artística más que calmosas resoluciones incontrovertibles, nuestros músicos se hundían en una ingenua aunque ambiciosa preocupación neoclásica o en un apetito de ritmos tribales negroides. Sin embargo, no se llegaba a alcanzar el dominio de una materia trabajada con rigor, en relación con lo que cada época tiene de secretamente clásica, de formas que apuntalan lo que es visual, representacionable, críticamente creador. O en el otro renglón, en los andares por una música mágica, de captación inmediata de la materia sonora, se perdían en sensaciones fragmentarias o en percusiones quedadas las más de las veces en caprichos seudo vitales más que en la prístina concepción de un mundo larval, pero afanosos de conseguir su liturgia y la permanencia de su sagrado terror. Se partía de interpretaciones desusadas del arte en las épocas primitivas. Se olvidaba, como dice Herbert Read refiriéndose al arte de las sociedades primitivas, Que «debe haber habido escuelas definidas, en las cuales se aprendía la técnica del dibujo y la pintura», y que ya en aquellas épocas se consignaba la existencia «de raros individuos de excepcional sensibilidad y de pericia expresiva». Es decir, que el hombre de aquellas épocas se acercaba a la creación artística con los recursos que poseía, eficaces o elementales, pero semejantes a los del hombre contemporáneo.

Adquieren su más visible relieve en el *Cuarteto* de Julián Orbón, el goce dialéctico de los estilos y el conocimiento de diversa polarización e inmediata concentración propios de la adolescencia de subrayado rango. Así como el arte de la visita depende de la seguridad de su costumbre y de la improvisación de su oportunidad, así también en esa antítesis orgánica que nos ofrece el *Cuarteto*, en el momento en que se hacían reversibles los estilos y el conocimiento derivado de una particular experiencia, parecía como si aquellos elementos sonoros estuviesen ya apresurados hacia su configuración y destino. Los trabajadores anteriores de las disonancias no habían logrado aunar las rupturas de sus progresiones musicales con ese sentido o *logos* que las obras logradas se otorgan a sí mismas, y que es como el reverso que atestigua la eficacia de sus trabajos y la gravitación de sus motivos. Sumar los mejores logros del atonalismo y de las disonancias, las danzas cultas del período cortesano español con las maliciosas solemnidades de «La tumba francesa», a una adolescencia que se iniciaba con las más armadas desconfianzas críticas, para terminar en la comprobación de sus sentidos y reconocimientos, nos arrancan esa primera señal de aleluya que deriva de una audición del *Cuarteto* de Orbón. Creado ya por suerte y gusto de todos, ¿cuándo lo oiremos en instrumentos nuestros, tocando más de cerca su secreto?

Las reducciones y ejercicios previos a la orquestación, verificados en forma pianística como ecuación orquestal, parecían reducir la materia sonora a una representación mental más que al resuelto laberinto de lo puramente audicional. Si la reducción pianística mostraba seducciones y logros, no se atrevería a negar que se enclavaba entre ecuación y representación, entre signo y abstracción *ab initio*, pues el crecimiento o la extinción del volumen orquestal probado en la reducción de una nota a instrumento de diferente ligamento, traía una pausa o suspensión en las comprobaciones o ajustes del dibujo melódico. Pero oyendo el *Cuarteto* de Orbón, nos damos cuenta que aquella reducción y esta aparente representación, se rendían más gratamente a las cercanías de las orquestas, pues es innegable que en pocos músicos cubanos como en él, las fabulosas posibilidades de los conjuntos sonoros, se muestran más dispuestos a su entrega y ofrecimiento. La primera reducción que ofrece este *Cuarteto*, es la del conocimiento voluptuoso y sanguíneo de los estilos, que ejercitaba en su primera y más novelada adolescencia. Los clavecinistas de la gran época de los *tientos*, y hay aquí, y este hallazgo es una de las conquistas de la historiografía musical contemporánea, una ancha vena que había de ser recogida por los músicos del siglo XVIII, incluyendo a Bach, y la plenitud que entreabre el momento de los más sorprendentes beethovianos. Pero eso correspondía a lo que pudiéramos llamar el instante crítico de adquisición estilística en su adolescencia. Pero el *Cuarteto* muestra aún una levadura más alta alcanzada por sus posibilidades como artista. Se muestra crítico y cauteloso, pero también henchido de tentaciones y potencias desconocidas, pues el *frisson* criollísimo que recorre a su autor, es también una mezcla de gracia amistosa, mostrada como una de sus más diamantinas seducciones, y de cerrado misterio, donde ya pocos pueden reencontrarse.

La refinada distribución de esas potencias críticas estaba acompañada, al finalizar la madurez de su adolescencia, de una poderosa intuición, la de que el atonalismo de un Alban Berg, eran formas de un barroquismo vienés que entroncaba con la gran tradición de nuestro barroco, pues por allí aparecía una porosa resistencia a lo oriental aunada a la reiteración de las lamentaciones de sinagoga. Él había intuido, regido tal vez por sus preferencias por la expresión literaria y por una a veces sobresaltada curiosidad, lo que había de continuidad más que de ruptura y comienzo en el atonalismo. Aguijoneado vorazmente dentro del orbe católico, siempre ha buscado en el arte el lleno y la esfera, no la separación luciferina ni los suculentos y banales henchimientos de suyo. En uno de sus ensayos, una de las más iluminadoras páginas escritas por un músico americano, nos afirma: «el acorde es un resultado de la ordenación de la gama cromática, en series, el intervalo tiene un valor puro exactamente igual que los primitivos contrapuntistas». Era, pues, una exigencia de su espíritu, para su aceptación, el convencimiento de que el atonalismo formaba parte de nuestra mejor gran tradición. Una profundización de lo que es verdaderamente clásico aunada al vasto tejido asociativo que constituye lo nuevo, lo libraban de confundir el romanticismo desleído que es en el fondo lo neoclásico y lo nuevo como el comienzo del reinado de Edipo ciego. La precisión y misterio de sus fuentes nutricias iban a insertarse, como en todo artista de posibilidades induales o difícilmente repetibles, en un macrocosmos donde fragmento y sentido se resolvían en el *logos* superior de su circunstancia. Esa batalla incesante desde su más temprana adolescencia con las más avivadas formas de la estilística universal, le van mostrando ya una regalía, ese *plus* que usufructúa el hombre de expresión de verdadero destino. La sorpresa de un encontrado detalle va a engastarse en esa iluminación del sentido, como si al poner la mano en una hoja, se le rindiesen las divinidades del rocío y los conjuros nocturnos.

(*Diario de la Marina*, 17 junio 1952)

De nuevo, Arístides Fernández

I

Las arribadas de Arístides Fernández (1904-1934) al Museo de la nación adquiere, en los fastos del ceremonial de la cultura, para los que lo conocimos o leímos en su obra la resonancia simbólica del *retour des cendrars*, del retorno de las cenizas. Las mismas inquietantes vicisitudes que le acosaron hasta llegar a su soterrado invisible, después de su muerte, hasta llevar la obra a obra a su ascensión en arquetipo de museo y en desfile frente a ese arquetipo. Y aún es de temer, venturosamente, que después de ganar ese arquetipo frente al desfile, su obra no sea una tregua visible y de sopesada factura, sino una incitación, un reto, un entrevisto que alcanzó una claridad para traspasar las imágenes y su espejo, los rostros heridos en un paisaje agrietado, pero sin perder la poderosa voz del coro, del procesional, de las aleluyas en el reencuentro y en la impulsión para lograr un *logos* histórico, una impulsión concurrente que es en sí mismo junto con una finalidad aclaradora, una alegre sorpresa para siempre.

Esas vicisitudes irritadas hacían que su arte tuviese siempre amigos. En una forma espontánea y fuerte, parecía gravitar también sobre su destino, una sociedad improbable, inexistente, pero que lo seguía y cuidaba de su desenvolvimiento en el tiempo *pericoloso*. Los amigos de Arístides Fernández, sin existir en lo visible, preparaban las escapadas de sus figuras y de sus deseos, al nuevo tiempo histórico. Subdividían la extensión de sus azules profundizados, a fin de someterlos a nuevas pruebas y recorridos. A contemplar, sonrientes, las averiguaciones que este arte estableciese en paisajes no previsibles por su momento de creación. Y es en este momento artístico de gran desilusión, cuando su arte responde con más precisión a las nuevas tejedoras. Y así, lo que ahora contemplamos es una sustancia, un germen, que reconoce como favorables su circunstancia y sus procedimientos.

Observad esta primera paradoja: este pintor cuya vida fue tan breve, hizo un aprendizaje muy largo. El paréntesis que trazaba ese aprendizaje fue incorporado como un lento desprendimiento fruitivo. Si no hubiese llegado, *ad absurdum*, a configurarse en obra, hubiese sido un alto potencial que cargaba su persona de secreto, se hubiera hecho novelable, pero aún en esa dimensión hubiera sido igualmente difícil, pues sus días carecen de variantes reconocibles, de referencias pormenorizadas. Su secreto estaba en su aprendizaje religado, en la circular acumulación de su energía, en los morteros donde soñaba poder transmutar y articular las sílabas de sus colores. Yo diría, y el extenso de su obra lo justifica, que los seis meses de su vida en que pudo adquirir su expresión, estaban respaldados casi por catorce años de pausas, de acometidas, de rectificaciones, que tuvo que atravesar el itinerario de su unidad configurativa. Por esa acumulación primigenia de sus dones, su aprendizaje no trabajó en esa dimensión en que lo visible señorea sobre el devenir, la carga conceptual de los complementarios sobre la penetración de la luz en los cuerpos. Fue tan solo ese aprendizaje la búsqueda de esas correspondencias entre la mano, la mirada y la superficie brindada por el misterio de los corpúsculos. Largas esperas de un aprendizaje que no actuaba como un rechazo, sino como una claridad en el espacio tendido entre el sujeto y el centro inefable del reto exterior.

Que ese enriquecimiento lo era de su sustancia de apoderamiento del mundo exterior, lo revela el hecho de que casi todos sus temas plásticos pasan a su escritura. No obstante, ambas esferas de expresión no se muestran relacionables, sino tan solo en directa relación con esa sustancia de su creación. Su aprendizaje no fue una zona de aclaración de su *inteligere* sobre su desconocido, sino un enriquecimiento de su *poienin*, de su creación. Nunca un cuadro es un aclarar de sus relatos, ambos brotan de su central acumulación en lo creado. Su espaciado aprendizaje no se revelaba en el cuidado del desarrollo, sino en la vivacidad de su grano o corpúsculo traspasado por el aceite a la voracidad de las superficies, a la voracidad incorporativa de las formas.

No nos esforzaríamos con exceso para precisar que las influencias y las preferencias de Arístides Fernández, estaban en ese espacio que va de Daumier a Cézanne. Detengámonos, con brevedad disculpable, en esa afirmación, no es la influencia de esos dos pintores sino el espacio incomprendido entre ambos. Un espacio plástico con sus intenciones desatadas y sus resueltas frutas; desde las lavanderas tormentosas de Daumier a las bañistas de Cézanne. Desde el arte de Daumier, donde no hay burgueses, solo jugadores o estudios de artistas, donde todo parece desenvolverse en la profundidad del vagón de tercera clase, hasta el retrato reiterado de la esposa, del amigo intelectual desconocido, del bodegón, en ese mundo donde el artesano medieval coincide con el burgués artista, que rompe luciferinamente con la burguesía, hay un espacio tan dilatado como rumoroso, donde Daumier, por ir del grabado a la pintura, buscaba el blanco y la inconclusión, como Cézanne, afanándose en desesperar, en no encontrar, en intentarlo todo rompiendo lo anterior. Las mismas dos figuras que aparecen en las lavanderas de Daumier, surgidas del mundo de su intensidad rotunda, reaparecen en «Un puente a medianoche», como el rostro de Madame Cézanne, surgido del mundo burgués de todos los días, reaparece como su manzana y sus árboles de la Auvernia. Un fragmento de Daumier, su salud al atacar la tela, y de Courbet, su reconciliación de nuevo con los objetos, se aclaran cuando van a terminar en Cézanne. En esa dimensión recordamos una naturaleza muerta de Arístides Fernández. Allí alternan libros y una botella opulenta, borgoñona de buena resistencia francesa. Recuerda aquellos jugadores de Cézanne, en cuyo fondo se observa una pipa de reconciliación, recordando la soldadura perdurable de la costumbre.

De ese espacio creador derivará su golpe brusco y rotundo de espátula. Recuerda el procedimiento de la *pátte grasse*, que se ha señalado en Corot. Ese golpe se vuelca sobre los contornos para finalizarlos y para buscar efectos de profundidad y sombras. La irrupción de esa espátula recuerda un tanto las entradas y salidas del escultor en la arcilla y la figura tratada como escultura en el Giotto. «Es necesario el orden romano, dice un crítico contemporáneo, para impedir que el franciscanismo se disuelva en budismo. Giotto está del lado de Roma...». También cierto panteísmo roussoniano en Arístides Fernández, necesita del espesor de la escultura pictórica del Giotto, para integrar un contorno en una espiral de espátula, en una oscilación penetrante de la masa de color, que se cuartea y se agita, por algo de corpúsculo y algo de onda, como una emanación que lejos de deshacerse, se fuera adensando.

(II)

Durante estos catorce años de aprendizaje de Arístides Fernández, debe de haberle preocupado con intensidad lacerante: «Los Jugadores» de Daumier; «La sobremesa en Ornans», de Courbet; los paisajes montañosos que rodean ciertos lagos y los troncos de árboles de la Auvernia, en Cézanne. Todos esos antecedentes pasan en Arístides Fernández, como mezclado con cierta atmósfera rusa de profundidad expectante y misteriosa, que para mí tomó cuerpo en él cuando leyó apasionadamente «El Gran Inquisidor de Toledo», en los Karamazoff. De ahí derivó tal vez su concepto de la naturaleza como una familia terrible, que muestra los desgarrones de su intensidad en un parto sobrehumano. Es el temor del no reconocimiento del bien, de lo falso establecido que no se reconoce en el surgimiento del bien. Por eso mostró la extrema delicadeza de catorce años de aprendizaje y seis meses de expresión. Era en extremo temeroso del pecado del grano sin razón, rechinante excepción en la gracia fraterna. De hecho, en la historia de la cultura es muy significativo que la primera etapa en que la grandeza de Cézanne fue interpretada, corresponde más a Rusia que a la misma Francia.

Compárese además «El incendio», de Courbet, con «La taberna», de Arístides Fernández, y se verá un procedimiento similar en la manera de cubrir un espacio, de rastrillarlo pudiéramos decir, de hacerlo casi sofocante por la proliferación de los núcleos de composición, que parecen brotados de un centro que distribuye y reúne. En su «La familia se retrata», se observan minucias o delicias a lo Aduanero Rousseau, pero presto las avalanchas de azules, los montes rodados y los extensos golpes de siena, lo llevan de nuevo a su profundización del contorno, no obstante, el gesto en que sorprende a la naturaleza tiende a purificar su estado de inocencia, el lechoncito criollo tiende a exagerar su indiferencia ante el acudimiento de la familia a la estampa; situación vivaz también en el «Idilio», donde las figuras hablan en los bancos o se acarician, con ese gesto en que se complacen en pintar a San Jerónimo, después de recibir la gracia, *gratis data*.

Podemos en algunos lienzos de Arístides Fernández, ver la aparición de una figura extraña que parece como que se desarrollara, que creciera en su reto y en sus súbitas apariciones. La vemos en el lateral izquierdo de «El Batey», sorprendida como de entrar, aun a regañadientes, en el huevo de cristal de una circunstancia dispuesta a resguardarse como en un *entredeux* pascaliano, entre el pueblo de Dios y las figuras esenciales que rodean al Hijo del Hombre. Otras veces aparece como reclinada contemplando las glorias del cuerpo en su misterio. Es como la pieza que Arístides Fernández adelantaba en su paisaje, como la penetración de su ser unificado en las proporciones y posibilidades abiertas por el más profundo azul nuestro, recorrido por la moteada pechuga gris de nuestros alciones otoñales, que no es nunca una dimensión de valores temporales o distancias, sino una manera de ganar un contorno de gravitación sobre la rebeldía panteísta y la exploración diversificada de los sentidos.

Si la perspectiva valorativa más novedosa nos ha permitido, no como un signo crítico, sino como una riquísima posibilidad creadora, ver un Greco copiado por Cézanne, qué festival en nuestras imágenes posibles, ver el lienzo «La Jauría y el Ciervo», de Courbet, copiado por Arístides Fernández. Aquellos árboles reducidos por el frío, a la monarquía solitaria del abeto, se transformarían en árboles tropicales con su rizada copa como un casco de guerrero siamés. El retiramiento del ciervo al último confín de su paredón agónico, no miraría tan solo la fría hostilidad de lo estelar, sino miraría en torno buscando el ofrecimiento amistoso y la ternura de la hoja en su piel moteada de signos reconocibles; el montero, aborto del infierno, se sentiría rodeado de aquellos inmensos procesionales botánicos, donde el hombre lava sus culpas abrazando a un árbol, rodeado de cuerpos reiterados que golpean el aire, con el envío de sus lejanos castigos, como las voces inconexas, que después de atravesar un desierto, las paridoras leyes de la extensión, se articulan en un lenguaje que comienza. Esa imagen posible, esa reducción de Courbet, que nunca, ay, será hecha por Arístides Fernández, está compensada por ese Marco Aurelio, leído antes de morir, anotado mientras se desangraba. Trágico estoico, como en acecho, para ver el aliento que pasa al corpúsculo, haciendo de cada grano de color una semilla que se rompe y se restituye.

Los extensos recorridos que en su obra traza el azul, como una resistencia a la luz, a fin de que ésta no se desate en poliedro, recuérdese las referencias de Goethe a la esfera y al poliedro en la manera de enfrentar el claroscuro, en este «Paisaje en Piedra», adquieren el relieve de una hazaña de nuestra cultura plástica, tomada en un súbito que fija la luz en un blanco, al mismo tiempo que reconoce las vicisitudes o el devenir de esa misma luz en sus resistencias y refracciones al recorrer los cuerpos en el diseño de sus angulosidades. Es como un extremo límite donde los cuerpos existen y se pulverizan, se reconstruyen o se precipitan desalados, pues en la retadora insolencia de ahí los cuerpos están tanto su fijeza, como en el gemido de su descendimiento cortados por la luz, tanto en el fantasma elástico, de que nos habla Baudelaire, como en lo que se siente en la boca sin hablar, que va del sabor al sentido, según Claudel. Un descendiente de Rafael nos aconsejaba «redondeces alterno internas, constituyendo un espacio vacío de una enorme capacidad, y para llenarlo, un suave modelado sosteniendo la forma». Arístides Fernández representa entre nosotros, lo más opuesto a esa tradición neoclásica, de composición en alternidad, dentro de la antigua simetría y del suave modelado, para redondear cariciosamente la forma. El «Paisaje en Piedra», es una prepotente agudización de su manera. No hay ahí alternos simétricos, ni modelado, la decisión de la espátula comunica un contorno con su región de aire. Los dos grupos que aparecen en «La taberna», están unidos por masas de color que rompen la distancia entre el centro y los lejos, esa extensión está invadida como por remolinos de espátula. No modelar, sino modular; no temas, sino motivos, decía Cézanne. Aquí los blancos tienden a constituirse en el propio cuerpo de un arquetipo, donde la luz extrae del turbión coloreado, el blanco que forma la figura. Y los azules a una fuerza de invasión, no contrastada, sino como en la seguridad de los cuerpos. Los girasoles que ascienden en la noche estrellada de Van Gogh, utilizan el azul como una masa que recepta los espirales amarillos. Los blancos de Arístides Fernández son horizontales y reciben las extensas franjas azules como una gravedad consejera de robustecimiento, de devenir comprobante de aquellos intentos de una luz reciente y secular. Con Arístides Fernández inauguró la pintura nuestra un goticismo que busca una sustancia plástica. El eco que responde al gallo de la aguja puede ser aún débil y temeroso, pero esa respuesta puede crear mágicamente una causalidad histórica maravillosa.

(*Diario de la Marina*, 6 y 7 marzo 1958)

Tránsito de Juan Ramón

Su asombro lo llevaba siempre al éxtasis. Era en él la forma de su traspaso a la vida iluminativa. Y al mismo tiempo, una exacerbación de su lucidez. Esa momentánea suspensión en la transparencia, no era la demoníaca lucidez del *intelligere*, de las formas del conocimiento, sino una rapidez total para las esencias, que a veces se le convertían como en el halo de la Luna, que prolonga la luz de un cuerpo en la irreconciliable oscuridad que cubre la dimensión de las palabras entre los dos astros. Era la oscuridad en la anegación total que media entre el asombro y el éxtasis, en el amoroso contorno de los dos astros. En San Juan, la extraña bocanada que corta la penetración, cuando después de haber atravesado el procesional del río de su fuga, levantaba, con la delicadeza de una paternidad para los prodigios, el crucifijo, su respiración, en el fulmíneo resquebrajarse del éxtasis, establecía las potestades de la luz entre los dos astros. San Juan pasaba del éxtasis al *raptus* por la abierta brecha se entrelazaban su prolongación derivada y los ángeles que venían a regalarle su apoyo, para evitar lo terrible de la entrevisión y prolongar el asomo transparentado. El éxtasis sin el rapto difícilmente logra figurar la visión fruitiva. Juan Ramón pasaba del éxtasis a la suspensión que conoció también el mundo helénico. Sus éxtasis ante el árbol, las ocupaciones del agua o la hoguera que transparentaba toda unidad, lo llevaban a la propia recreación del ser en la dimensión desplazada por su blancura. Reproducía el árbol en el éxtasis de lo blanco cuando la Luna le retiraba el helor, los acompañamientos del rocío y se iba alzando como el esqueleto del antílope, dinástico total y milenario. En San Juan el ser llevado se anegaba en la vía iluminativa, recogiendo su silencio en lo unitivo de la escala mayor. Pero en ese silencio era la poesía. Ahora Juan Ramón, por el conocimiento cara a cara en la muerte, empieza a penetrar en esa poesía, que ya no está en su casa, como él decía, sino en el anegamiento de ese ser llevado por el éxtasis al rapto de la visión fruitiva del árbol como sujeto de Dios. Ahora está en la poesía, no en la terrible bocanada de la suspensión.

En esa blancura que caía como nieve de su asombro, tenemos que ejemplificarlo siempre frente al árbol. Tanto el conocimiento como el éxtasis tienen que atravesar el árbol, el primer signo de ese amor de las esencias está en ese símbolo del árbol, figura única del abrazo que por incontrovertible misterio, nunca da abrazos. Pero el conocimiento tiene que diseñar sus situaciones intermedias. Y el éxtasis tiene que entrever el crecimiento de ese árbol hasta sus ramazones estelares y las espesas potencias del nocturno crecido. En esa dimensión, no creo que nadie haya saboreado con más delectación que Juan Ramón, la cancioncilla de Diego Hurtado de Mendoza «Aquel árbol que mueve la hoja/ algo se le antoja». La tenaz proverbialidad del árbol, su secreta preocupación por el hombre cayendo en la eternidad, recibían el testimonio de Juan Ramón, por aquella suspensión en que el árbol adquiría la dimensión de cubrir la totalidad terrenal. En uno de sus poemas que más se integran con la cabalidad de su ser, siente que cuando él sea abandonado por el éxtasis, los árboles sentirán la diferencia separadora de su visita rescatada. En la sentencia final del poema recoge que los árboles le han hablado. Perdido el éxtasis, debe haber sido para él como el comienzo de los prodigios y la poesía, que los árboles más allá del ámbito de su éxtasis abandonado, podían hablarle, pues el árbol habita la costumbre de su éxtasis y no necesita el instante transfigurado. «Soy este/ que, a veces, voy a ver/ y que, a veces, olvido». En ese olvido situado por encima de la blancura, donde su suspensión adquiría un finísimo contorno para el rapto, donde oía que los árboles le hablaban. Pero San Juan, único que le aventajaba en el hilillo incandescente de ese contorno, podía acercarse al árbol y decirle: *Teme con confianza.*

Su asombro lo llevaba a veces al rencor. Su asombro era, como un cordero, una tiara, una baraja, una forma del hieratismo. Por su rencor se igualaba con Góngora, el brillador. Sus sarcasmos tenían algo de la honda de David, entrando con su cancioncilla y sus cordeles en el corralón de la pesadez. El reverso de su éxtasis era la lucidez en el rencor. «Hablo/ a todos los que me han hecho mudo». Su rencor nacía de ese paredón de la mudez, la propia por obligado asedio, la ajena, por negación de la gracia. En ese asedio Góngora había retorcido y perdido el rostro, por el fruto de la niebla. Los ojos de Góngora cobraban más venablos para atravesar esa niebla. La candelilla de los ojos de Don Luis, formaba al atravesar la malla neblinosa, unas láminas metálicas, donde saltaban sus peleles, con los pies quemados. Su rabia era avinagrada fábrica de oro en la niebla. El rencor era en Juan Ramón el fragmento demoníaco de su contemplación, partía de la misma raíz que su acercamiento al árbol, al temor de lo concupiscible en Pascal. Ejercicio de su lucidez, llevaba siempre su venablo al sitio donde más duele la maldición, pues todos nos estremecemos cuando el verídico descubre la oscura región en la que nuestra mudez fue merecida.

Su asombro llegaba a enloquecerlo cuando retrocedía de la cámara de lo órfico, vida y resurrección ceñidas, canto e infierno, mujer y trágicos descensos, al incompleto fulgor del rencor. En sus últimos años su rostro iba superando lo recomido del de Góngora. Era el absorto del que entrevisto, tuvo que retroceder, sin poder traspasar su secreto en la existencia guardada por su suspensión. Allí, el devenir no terrenal, nieve de arriba picada por el alción, y de nuevo el devenir sin apoyo, dispuesto a continuarse en un flujo intermitente de corderos, diamantes, ejes de la blancura, hueso de arena en los últimos acantilados, donde el eco fue vencido por los envíos inexorables de la sucesión albeante en ceniza. Citaba entonces Juan Ramón la fábula de Abu Said, donde la doncella es a la vez, el espejo, la mirada y la belleza, el amor, el amante y la amada. Pero hay otro apólogo oriental también para gustar, el que era del gusto de Goethe, el príncipe que esperaba con sus granjeros agazapados en el despertar de la luz, escogiendo el silencio y la respiración, hasta que el príncipe le ordenaba al Sol que saliese. Entonces, todos a trabajar. Sin pensar en las concesiones, en las sonrisas, en los ingenuos acoplamientos, en los aventurados causalismos, de las cuadrigas de Helios y el príncipe madrugador.

Surgiendo de las sombras, como el absorto remansado del pájaro, puede saborear ya, gota a gota en su oro, el agua del Génesis y el agua de la luz increada.

(*Diario de la Marina*, 6 junio 1958)

Oscuridad vencida

Los más antiguos aquietamientos sabios se impregnaban de lo oscuro al ir cortando los fragmentos de sus metamorfosis. En el mundo católico la *dormitionem* recibía lo oscuro para hacer más asombroso el parto sobrenatural. Cuando la desconocida razón celeste le quería hablar a un pastor, para enviar el dictado de lo oscuro, lo mandaba con poderoso sueño a los pies de un árbol de amistosa pesadumbre. Los jugos de las raíces, proporcionalmente extendidos, pasaban al sueño del pastor. Al descargarse el terrible lenguaje de lo oscuro, encontraba en aquellas prestadas raíces, hilos conductores de la nueva energía que se desplazaba, carretes donde lo melodioso de nuevo aguardaba.

El hombre actual olvida que si no tiene oscuro, no puede tener iluminaciones. La *terra aliena*, la extraña tierra, que aparece en uno de los salmos de David, tiene sus derruidas torres enceguecidas por presagios oscuros, de pronto una fulguración, y escribe una tiza invisible, fosforan sentencias de frente hendida. Se recoge entonces una claridad que tiembla. Su temblor lo lleva a ocultarse, y entonces, desaparece. Si en el valle abierto a la mañana regalada, se soltase un cometa escriturario, los ojos encandilados en la grasa de la luz, pudiéramos decir, no percibiría la desigualdad creadora de las dos densidades. El hombre de hoy suelta su razón en un valle demasiado encandilado, pero lo oscuro viene a nuestro sueño, el sueño camina hacia el árbol, y el árbol cuadra su mágica ración de nocturno estelar.

Algunos burlados creen que lo sencillo se enemista con lo oscuro. Salgámosle al paso con una fabulilla. El ruiseñor y el cuclillo decidieron remontar su canto en competencia de agudas delicias. Sea el asno el mejor árbitro—, dijeron ambos, esperando el laudo sin malignidad protestataria. «El ruiseñor, dijo el asno, canta bien, pero para una canción sencilla prefiero al cuclillo». El asno, como siempre, aumentando la confusión con su alianza con la sencillez, publicando su fallo contra el ruiseñor. Malintencionado que en sí mismo se enreda y decae, pues el canto del ruiseñor comprende al del cuclillo; las notas graves comprenden las agudas, nada iguala un divertimento bachiano sobre el café o sobre el tiempo de la alegre incorporación. La cabezota del Polifemo, o la totalidad de los sentidos en las grandes fiestas de las *Soledades*, entrañan las letrillas zumbantes, que como abejas regordetas escupen miel rosada.

Si unimos a Guido Cavalcanti, Ausias March, Maurice Scéve, John Donne, en lo que pueden ser motejados de oscuros, con distintos grados de densidad, precisamos que sus lectores, pueden ser los más distinguidos cortesanos, o estudiantes que versifican cuando la hija del tabernero inaugura unos zarcillos, los distingos de un silogismo de Duns Scotus sobre «la razón desarreglada». Con una apresurada lectura de la *Metafísica* de Aristóteles, sobre todo su genial concepto del tiempo que pasa a Hegel y a Heidegger, con cuatro diálogos platónicos, donde desde luego no faltará el *Parménides*. Con algunas añadiduras de Plotino sobre la sustancia y el uno; con los símbolos de Homero pasados después a la tragedia griega. Con el *Livre du tresor*, de Brunetto Latini, unido al *Speculum historiale*, ya está el afanoso de la voluptuosidad métrica, en placentera potencialidad para saborear una canción medieval, un soneto del renacimiento florentino, o una ingenua aglomeración escolástica que se quiere sensibilizar, o una súmula de saber infantil, regida por un pulso que no se abandona a la placidez oficiosa, en Maurice Scéve. Nuestro catador de poesía medieval o renacentista, podrá saborear esos aparentes *calembour*, porque estaba en posesión de veinte librillos, incorporados a una memoria creadora, que acompañaba las sílabas misteriosas, como el diseño de un perro en una constelación.

Esos tesoros que acompañaban al buen lector de aquel buen tiempo, en el nuestro se han sumergido en un lector impetuoso, imantado por una densidad que lo burla, con una variable corriente nerviosa, que le impide seguir la línea del vuelo de un punto conceptual. Se abandona ese lector a una curiosidad desacorde, donde la arrogancia de la variación no se acompaña de un mirador, de una perspectiva central que le permita integrarse en las interrogantes espirales de la perdiz. El pequeño arsenal de erudición voluptuosa poseído por aquel lector prerrenacentista, en el hombre de nuestros días se ha perdido en lo extenso sin signos, y las extrañas emanaciones de su saber tienden a volatizarse tan pronto se enfrenta con la sentencia poética.

Si acudimos a un texto contemporáneo de poesía, peculiarmente señalado por los vulgares como oscuro, los *Cuartetos*, de Eliot, lo primero que nos preguntamos es a qué se debe la quejumbre de los lectores que le acuden, pues aun sus copiosos glosadores, señalan que con alguna lectura de Bergson, de San Agustín, de la «Noche Oscura», o de «La subida al monte Carmelo», de San Juan de la Cruz, el *Bhagavad Gita*, y la simbólica de la tabla del Tarot, y todas las demás curiosidades y disciplinas que cualquier debe conocer, amar y repasar, aunque no sea particularmente un letrado en total, con los mismos veinte libros, que aquel donoso catador de versos prerrenacentistas disfrutaba de un soneto amoroso, porque había leído en su adolescencia el *Fedro*. Si un lector apresurado de nuestros días, no quiere demorarse dignamente en esas pruebas, que no son muchas, pero sí tal vez imprescindibles, puede dedicarse entonces a las excrecencias dejadas por un treno de profético individualismo, o a los más benignos y arcádicos disfrutes de la inocencia o de otros productos naturales.

(*Diario de la Marina*, 23 agosto 1958)

Juan Ramón Jiménez y su integración poética

I

La mano de nieve de Bécquer, ejercitada en la muerte, terminaba en el escondido redoblante de la queja. El tacto, casi angélico, de aquella mano, necesitaba aún arrancar la melodía. Cuando, de pronto, otra mano empezó a ceñir primero aquella mano de nieve que acariciaba la escarchada yedra de los brumosos torreones. La nueva mano partía de una obsesión ante la sensación aislada, que ya no necesitaba arrancar suavemente, sino establecer una dimensión creadora, cantada casi, entre el reto dorado del fruto, las contracciones y dilataciones infinitas de la piel en los cuerpos aparecidos, —fugitivos con un arpón—; errantes con un gemido que los reconstruye, que pasaban en el tiempo que les dictaba una campanada *engloutie* por el oleaje. Como todo sucesor y engrandecedor de eficaces tesoros en la adolescencia, que pueden después prolongar hasta el sombrío Erebo, ya Juan Ramón Jiménez se encontraba al despertar su Eros, en posesión de la queja de Bécquer, que era como el testimonio de lo que su destino le negaba. Arrancada con suavidad la queja por una brisa pulimentada por las escamas de los delfines de la Bética, que después se clavaba en copla semimecida, ascendente, deshecha en sucesivos ojos abrillantados, en la medianoche de la sombra del Generalife, que había oído durante treinta años la música de aquella agua. Las cosas que yo le he oído, le dice la sombra a su melodiosa contemplación del agua.

Llegada la queja y se hundía en la contemplación de las *Nymphéas*, de Monet. De esa contemplación incesante en una adolescencia regida por el Eros, derivaría su manera de ver los elementos naturales, la luz extendiéndose hacia el único color o disolviéndose en lo inapreciable amarillo, ya luz en la luz. En ese azul inmóvilmente organizado, la aparición de la flor, para vencer los juegos sonrientes y diversos del color en la sensación, que se aislaba como un cuerpo. En nenúfar, la abullonada y carnal flor blanca, semejante a un huevo de cisne, según el decir de Stephan Mallarmé, que ascendía, solitario tenaz entre el estío de la masa de los azules, las excepciones de un rosa, y un amarillo central, oculto o eternamente visible como una astilla en un astro sonriente. Su ejercicio debe haber sido continuado y tenaz, para extraer de esa noche de los azules, la precisión de los cuerpos, la semejanza y el rescate de cada flor, sobrenadando en el océano de la totalidad y ascendiendo a su nieve solitaria y única. Tuvo así siempre como una intercesión especial, que le fue otorgada, tal como una regalía a su excesiva contemplación en la adolescencia, del dios de la extensión, del burlador y majestuoso. Término, oír muy levemente, como la ruptura de la palabra, como lo hace un fruto, su separación de un desprendimiento anterior, y su constitución como en una naturaleza aleteante, afanosa de sumergirse en los bloques, en las ráfagas, en los reversos estelares, de donde fue extraída por un azar que concurre y por una voluntad que interpretaba el rocío de la gracia.

Aquel arrancar la melodía en Bécquer parecía adormecerse. —Mis párpados se cierran, exclama Bécquer, y comienza el brillante átomo a surcar la niebla—, en cámara lentísima, de tal manera que la brusquedad del arrancar, parecía llegar como un soplo. Por esa sustitución del meditar frente a la pared, que fija monstruos, o de la tenaz persecución y enlace de las nubes, que agrupan mitológicos banquetes con las risotadas extendiéndose por las barbas de Jove y por el cántaro del garzón de Ida, por las variantes de la piel marina. Un tacto irreal, mágico, surgía de aquella contemplación convocada perennemente por un oleaje nocturno, remansado, que terminaba en la ascendente consagración de la flor. La tenacidad, quizá un poco sombría, de la contemplación, lo llevaba a la suprema gracia formal, en cuyo centro las adormecidas trompillas de los pólenes, remedaba la conducción del Sol a su nocturna casa favorita del caracol. Regido por esa contemplación, el tacto parecía fijar o crear los privilegiados seres que se escapaban del titánico lienzo marino, titanismo, desde luego, en la gracia manual, regido por el hombre sureño y portuario.

La insistida visión creaba un tacto tan irreal como preciso, que hacía, que los frutos, apoyados en la luz que los lanzaba resplandeciente en la gravitación. Cada palabra de Juan Ramón parece que conlleva su propio paisaje. Los vocablos en él de fija irradiación: estrella, astro, nardo, firmamento, desnudez, adquirían fiesta y resplandor inusitados al situarse entre la visión y el tacto. ¿No situaban los místicos orientales, ante la flor de oro, en una de sus mandalas, la luz blanca que irradia la primera circunvalación, los protoplasmas de la vesícula germinal, los movimientos cósmicos circulares, con sus cuatro colores básicos? He ahí el color que hace visible el paisaje que desplaza cada palabra, pues cada palabra central en un poema de Juan Ramón, —ruiseñor, oro, tarde, mano—, parece que hiciese visible la extensión del poema hasta su contorno. Allí se forma como un oscuro surcado por largas espirales de plata ardida y de nuevo fuego, que vuelve sobre el poema acorralándolo, asegurando el decisivo consejo de su región central. Como un resplandor del vidrio, como una región suprema, cristalina entre los peces prolíficos del centro, según otra mandala de la flor de oro, y los árboles del límite que absorben el oscuro recalentado del descenso, en el implacable nocturno.

Se me dirá banalmente que casi todas sus palabras llevadas a la poesía, estaban ya en el Siglo de Oro. Pero lo de Juan Ramón fue todo lo contrario, rescatar la palabra de lo sucesivo ominoso, trayéndolas de un oscuro, de una sucesión marina, para mirar, con el nuevo resplandor de su rescate, la región que se doraba, la ondulación vital que se extendía por el disco de sombras, que no era mirada todavía por el ruiseñor. La exactitud verbal de Juan Ramón, era esa fulguración mantenida en la región central de su poema. Parece como si hubiese extraído de cada uno de los poemas de Bécquer, una sola palabra de iluminación y éxtasis, —duerme, delirio, ríe, aliento—, nítida frente a derivaciones y adherencias, para llevarlas a sus poemas con nuevos secretos, fundamentalmente, el darle a palabra la claridad, ardimiento de una soledad ansiosa, que le ofrece su nuevo paisaje. El enloquecedor canto del mirlo, en su poema, se hace verdeante por el desprendimiento de la primavera. Parece, eternizándose, como si la blancura que exhala el canto se extendiese en la gloria altivamente dicha por el verde. El canto panida, en otra de sus grandes fechas verbales, se acompaña con la risa. Un reflejo, destilación metálica ascendente, une el reto del canto plenario con la gozosa aceptación de la risa.

(29 agosto 1958)

II

El tema de la flor, que vuelve a su vivir, por el ritmo del pecho de la aparecida, está en Bécquer, pasa y está en Juan Ramón. En Bécquer:

> «Entre la leve gasa
> que levanta el palpitante seno,
> una flor se mecía,
> en acompasado y dulce movimiento.
>
> Y se mece la flor, con el olor
> más rico de la carne,
> olor que se entra por el ser y llega al fin
> de su sinfín, y allí se pierde
> haciéndose jardín.»

Así extrae una palabra y un instante que se abandona a un largo deseo. A un deseo que se extiende por la glorieta de Verlaine y a las nobles evidencias del almendro receptando la entrevisión lunar. En Bécquer: «Tempranas hojas del almendro,/ que al soplo del aire tiemblan». Empieza en Juan Ramón su reducción por el blancor, por el rayo que salta de un mineral más resistente a la luz. Salto de la luz, extensión del almendro. Pero ya el *fue* de Bécquer, instante poblado de oro por la aparecida real, entreabriendo un permanente cortejo en el visible temporal de lo eterno, no será el *estaba* de Juan Ramón, donde convocaba a la suprema luz esencial, y por la enorme gravedad de ese *estaba*, traza la figura y su aparición en el círculo del conjuro. *Cadencias que el aire dilata en las sombras*, en Bécquer; pero ya Juan Ramón siente la necesidad de ir más allá de las elementales cadencias del aire y de la provocación de su jauría de voces. Alguien dice: traje de la sagrada selva la armonía. Vencimiento en Juan Ramón de la cadencia becqueriana por la armonía pitagórica, en Darío. Y ya está en pie el primer Juan Ramón. Obsesión solitaria frente a un color extraído, un *estaba* capaz de estremecer el ordenamiento de los mundos verbales, para situar un átomo de luz, una palabra de gloria, y la Armonía, donde la lucha entre el hombre y la naturaleza, —aire, fuego—, devuelve la costumbre en lo mágico, el nacimiento del ritmo, el hierro martillado organizando su respuesta, su ritmo, la música como devenir donde reposan o se increpan majestuosamente los mundos, que llegan como un oleaje consejero a nuestros oídos.

Ya Juan Ramón empieza a guardar la poesía, a fabricarle con mimbre fresco casa a la orilla del mar. Enrique VIII, pintado por Holbein. El ave guerrera reposa en el antebrazo, con olvidado y blando sosiego, pero los ojos del halconero están inquietos, como si olfateasen un lejano peligro. Con la otra mano impide como que el halcón pierda su reposo, sintiendo el peligro que adivinan los ojos. Rodea la poesía y la cuida con sobresaltos, pero los ojos de Juan Ramón empiezan a metalizarse en un gris tajamar, a salir del cuerpo total. A ver más, aquietándose en el centro, prodigio visible de una esencia.

Ya no es el Eros lejano y la marina pastel azul. Agua removida por invisibles delirios de instantes nocturnos, que fija la flor blanca ascendente. El Eros es ahora el Eros acompañante del amplexus, el abrazo de San Buenaventura, y el mar lo innumerable proteico. El *yo* y el *tú*, becquerianos aparece transformado en el *en mí* y *en ti*, de Juan Ramón. Zenobia que parece surgida de una metamorfosis de su verso: «Almoradú del monte y tú estabas rosa de Luna, almoradú». Las esferas, que como huevos de cristal, cubren los dos yo, en el invisible ambivalente. El *en mí*, hipertróficamente dilatado, tal vez con el afán de que Dios sea un imprescindible fragmento, el *en mí* que se hace pleno obligando a la subordinación del *en ti*. Pero no es la relación entre el creador y la criatura, en San Juan de la Cruz, por ejemplo. «Memoria del creador, olvido de lo creado». El *en mí* fue siempre en Juan Ramón, una exigencia de la gravitación, un lavado de tierra, apetito desde la sangre en un solo círculo.

Su reducción a la copla, a la que se prolonga en éxtasis, vuelve para alcanzar su oro solar de fecha más alta. No como ha dicho Dámaso Alonso, que para alcanzar su ser, esa generación de poetas tuvo que alejarse de Darío y volver a Bécquer. Pero la vuelta a lo popular central hispánico, era ya distinta del *yo* y el *tú* becqueriano. Había que oír de nuevo el «Crótalo, crótalo, escarabajo sonoro». El crótalo en cuyo rumor cabían los misterios y Phocas el campesino, y los gnósticos de la judería toledana, y el zajel árabe, y las nuevas cuerdas pasadas del albogón a la guitarra, y el pastor de cabras que se adormece para conversar con los mercaderes corintios, o los danzantes délficos y los sacerdotes toscanos. ¿Pues, si no, cómo, aun con toda la fineza previa que le regalemos, un danzante popular hirsuto o un cortesano letrado en perenne posta entre Valladolid y Florencia, puede decir como en juego de luz y deseos saltantes:

«Iba a ver a mi madre
a quien mucho amé,
íbame cantando
lo que os diré:
Sol sol gigi A B C

enamoradico vengo
de la sol fa mi re.»

¿A quién le toca esa fineza? ¿A hombre de pueblo que la entona porque le llega en la brisa como canción? ¿Era acaso más culta la clerecía de un Berceo, que la juglaría, regalada con el misterio de los caminos, con el cuidado diestro de los dioses disfrazados de pastores? Ese misterio de la gracia, no fue hecho por el pueblo, ni fue hecho o deshecho por el letrado. Yo no diría poesía popular, nudo de enredos, sino poesía ancestral. Ese volante, inapresable acierto, aparece siempre como lo ancestral acarreado y misterioso: Un silabeo gracioso de pastor, una misteriosa receta de Lulio sobre la quintaesencia del vino o el mercurio filosofal, una fulminación de Martí, para verle toda la cara a la hoja, un entorno del guitarrero, que remonta y dice: el alma se da en la sombra. Es el vuelo del aire con la semilla de lo ancestral, que pega en las cañas o en las gargantas del espíritu.

III

Juan Ramón establecía una diferencia entre lo popular y lo literario, ejemplificando lo primero en el *Cantar del alma*, de San Juan de la Cruz, «de pobre cuna y ruiseñor siempre escondido». No se olvide que ese poema lo hace San Juan, en los días paradisíacos que pasa en Andalucía. Todo es ahí del gusto de Juan Ramón: la fuente, la fuente escondida, los orígenes del agua, el cielo que viene de la fuente. ¡Oh, si Juan Ramón hubiese podido ver la fuente, tal como la vio San Juan de la Cruz, en la última estrofa, como pan de vida, en medio de la noche que corre a su deshielo! Pero he ahí el ejemplo final, que nos vuelve para Juan Ramón Jiménez, en el signo de sus encuentros finales con el niño Dios y la muerte. ¿No tienen los gauchos la tradición del niño diablo? Creyó que en la soledad se extraían palabras, que se extraía el uno del color absorbente. «Está en el aire, como uno», dice su estrofa, que de allí surgía la poesía y el dios salido de la poesía, de la creación, de la poesía surgía el creador. Dios que sale con su ruiseñor y su oro y su soledad y su criatura afortunada. ¿Pero cómo un yo rescatado, un yo solitario, un yo que comenzó por romper, por separar, puede crear un dios que no sea el del rescatado y no el del anegado, una divina soledad ya sin el hombre, una separación que no sea el inmenso coro de los vientos y los muertos, la comunión de los Santos? «Mi Padre hasta ahora obra, y yo también obro». (San Juan, V 5) Aquí, en la suprema antología de todo vivir, en el oficiante, la criatura es una derivación del aliento del Padre. La poesía, ¿quién podrá ir más allá del salterio de David?, adquiere todos los registros de su órgano en la alabanza. Dios no es un fragmento de la poesía, ¿acaso Shelley, uno de los antecesores de Juan Ramón, devoto también del ruiseñor solo y enloquecido, no rechazaba a Dios y aceptaba la inspiración, como si fuese una impresionante deidad? Si no obra el Padre en nosotros, no podemos obrar en la poesía. Si no obra la gracia, cómo podemos estar despiertos para la inspiración, que es la gracia regalada, gratis data.

Ella, Poesía, Amor, indudable centro, dice una de las estrofas de Juan Ramón, en su última etapa. Pero Ella, añadimos nosotros, ¿es el Eros o es la muerte? La Poesía, ¿es una luciérnaga o es una mirada fija? El Amor, ¿es la figura asumida por el misterio que se acerca o por el espíritu de lo extenso que se aleja? Esas preguntas arañan con sus torcedores, con sus llaves de maldición, cuando no prolongan o destellan un centro hacia afuera, pues el hombre nace ya con su centro umbilical hacia adentro, donde yacen la energía, la luz y el *simpathos*. Pero ese centro hacia afuera, que no es nunca el *en ti*, es el Padre actuante, oficiante en su oficio natural, cuya relación con nosotros se aclara en la muerte, que es el extenso temporal en la infinitud, alimento de lo que es también pan de vida, manjar de los ángeles, pues todo está silenciosamente preparado para que Dios vuelva y el hombre resucite.

Pudo así alcanzar la poesía pura con más cima de natural delicia. Siempre reclamó con apasionamiento ese título de introductor y realizador de la poesía pura. Cuando ya esa expresión se había complicado extraordinariamente, al extremo de que Valéry la desechaba, todavía él insistía en su primigenia posesión de la palabra bastante, única y sola. Veía esa pureza en el estar en el acto que iba a su yo, frente a la infinitud. Su ejercicio era más bien de contemplación, de soledad mantenida frente al reto, de sumergimiento, no de apoderamiento frente a la sombra carnal en la fugitividad de su instante. No obstante, la prolongación de su contemplación era muy superior, a su estar en acto. En el acto no buscaba un exterior no dominado, sino un engrandecimiento de su yo. No actuaba ese acto frente a la infinitud, sino sobre su yo. Surgido de la contemplación el acto, era muy pronto contemplado también por su yo actuante. Pues el acto cuando va al desenvolvimiento de su potencia, no puede decidir apoderarse de esa blancura. El acto, que en poesía tiene que mantenerse dentro de las posibilidades del rayo inefable, actúa sobre lo diverso impuro, lo incompleto sombrío, lo desusado que nos rebasa, para obtener, al extinguirse su oro quemante, una palabra que ha recorrido todas las mansiones, o una sentencia siempre oscilante entre su incumplida veracidad poética y su afincada media sombra o cuerpo gimientes. Ese inefable en los dominios de la poesía depende de un incompleto impuro, no de la abstracción de un solo color regalado por la contemplación. En lo teológico esa vía unitiva, solo nos entrega la contemplación de la esencia suprema, que la poesía no puede intentar reflejar.

Por el negrito puertorriqueño Sarito, de su *Platero*, aparece lo americano en Juan Ramón. Le pegan y maltratan al negrito fiestero, pero él le regala uvas, y el negrito le devuelve, le regala también una noble mirada. Por ese espacio gnóstico, que es la contracifra áurea de lo nuestro americano, comprendió que su itinerario estaba trazado: España, América, la muerte, nos dice. Esa noble mirada era la primera regalía que le hacía el espacio gnóstico americano. Si tuviera que definir poéticamente la poesía de Juan Ramón, diría que es un cambio de uvas por miradas nobles. Qué pregón para el paraíso de su poesía y para el otro de los bienaventurados. Aquí la muerte le fue también una dimensión, que tenía que surgir cuando ya su Eros, por la otra presencia de la muerte, había adquirido su más tenso henchimiento, su más visible, ardida y destilada estación total.

(*Diario de la Marina*, 29 y 31 agosto, 4 septiembre 1958)

La mano de Alfredo Lozano

El proceso por el que, en el bloque a descifrar, la caída de la figura se convertía en ley del centro, reaparece como un halo de primitividad, tomado en el sentido de la piedra de calor situada en el centro mismo de la vida. La simetría o la frontalidad pertenecían al período apolíneo, ya dentro de la cultura, y como tal sometidos a un procedimiento de compostura y aniquilamiento, de reconstrucciones y sustituciones, de suntuosos y apagados redobles en el traspaso al sillar de oro con esqueleto de cabeza de hierro. Al buscar la ley del centro, Alfredo Lozano, como muchos jóvenes expectantes de su generación, tuvo que despertarse un día rechazando las nieblas del valle de Tenochtitlan. Había que volver a la piedra de las fortalezas milenarias y de las penetraciones en el desierto. Rectificar el ibis que penetraba una piedra, o agarrar por las barbas a un rey asirio, que tocaba con su pértiga de combate a una cuadriga que saltaba un río cruzado de venenosa vegetación.

Esa búsqueda de lo umbilical hierático, del bloque como reposo de la divinidad terrenal, era muy pronta rectificada por la antítesis más violenta, pues en realidad, el que trabaja en un telar o elabora una tanagra, siente como un aterrador tejido complementario, que agranda la minucia hasta sentir el soplo de una música total. Fervor semejante al que busca el centro del bloque, desprendido de una materia concéntrica, donde parecen luchar los titanes con las profecías de los diluvios invasores. Los ojos giran alrededor de la desmesura del bloque, hasta clavarle un centro, como las manos persisten en el cuerpo pequeño, afanosas de un desprendimiento, hacia la oscuridad ambivalente, que nos reta como una perdiz en la lluvia.

Desde la pequeña materia, la preocupación reiterada de Alfredo Lozano era el movimiento de su arcilla. La búsqueda de aquel centro, traída por los aztecas, era llevada a la línea que vuela. Danzantes, figuras ceñidas en el instante de la pasión, gravitando sobre una pierna o escapándose por un brazo alzado. La mano que había aconsejado ese movimiento se había guarnecido en el dibujo propio y previo del escultor. La destreza en el dibujo, aseguraba la nítida gravedad que iba ofreciendo el bloque al ser recorrido por una mano ejercitada en los dos registros, pero que penetraba en la resistencia con una seguridad que disimulaba el fervor, con un fervor proporcional a las exigencias de la potencia guiada por la visión. Había sabido luchar ejemplarmente con el bloque y la diminuta terracota, buscando ya la secreta ley del mexicano *quincunce*, o la continuidad de la pequeña materia hasta que gime y cruje, aconsejando un retraimiento. Como en un elaborado despertar habían coincidido el ojo que busca el centro y la mano que repasa el hasta donde la arcilla se deja conducir a forma, o cuando balbucea el instante de su declive, como si se dejase penetrar por sonidos muy diversos, llenándose de caracoles apesadumbrados que la cuartean o la hieren.

Dentro de esa movilidad como soplada con la mano, está su *Ícaro*. Una rueda, más que la liviana arrogancia de sus alas, parece que lo impulsa al ocaso de su destino. Como aquel monstruocillo que aparece en el *Ícaro*, de Brueghel, un dragón que se curva como para aserrarse a sí mismo, es la rueda el Ouroboros, en la magnífica escultura de Lozano, que insufla las despedidas en los comienzos. El Ícaro tan solo repasa su esbeltez en las presagiosas informaciones del aire, pero la cercanía de la rueda, que por otra parte lo impulsa al vacío hipersensibilizado de su arrogancia, lo lleva a la simple gloria de su caída, ha caído porque ha despreciado su cuerpo. Pero aquí, el escultor tiene el acierto de mostrar el reto excesivamente gracioso de ese cuerpo, mientras la rueda entona por anticipado la vocinglería de su caída. Recuerdo, en esa lucha también entre la movilidad y la mano que penetra para conducir, algunos de sus hierros. Trazaba como escaleras que eran un laberinto en la ascencional, puertas claveteadas como cinturones de primitivos ornados de las vicisitudes del solsticio, ramificaciones poderosas que venían a su ejercicio de composición con los ideogramas que la gran puerta atesoraba. Me parecía comprobar en cada una de las averiguaciones de esos hierros, como un túmulo, silabeado lentamente como un ensalmo, al Ícaro y a la rueda.

El dibujo del escultor se excepciona buscando lo cóncavo, sombra que también muerde en su penetración en la resistencia, no el contorno que persigue una huida, sino una absorción y desaparición de la luz, que marca una ausencia o un gesto que se retira. La mano de Lozano en el dibujo del escultor es la más firme que conozco, y el traslado de su escritura a la resistencia de la materia, la más eficaz y ceñida que podemos mostrar. Su dibujo se moviliza hacia el relieve, no como un traspaso de escrituras, sino como distintas lecturas de un mismo espacio organizado. En el relieve siempre hay algo como de paseo por el río Afanoso de los desfiles, como en las panateneas o en las venatoriales reales de los asirios, busca una situación en marcha, o quedarse como subyugado por un punto iridiscente al torcer su destino. En esos relieves que últimamente ha trazado Lozano, no solo se mantiene vigorosa una retadora tradición, sino que aparece aumentada por todas las destrezas de un dibujo anterior que aseguró el riesgo de la aventura. Su *Bautizo de Cristo*, lo comprueba hasta saciarnos en su calidad. Mientras el Cristo se profundiza en el mismo misterio del símbolo, la paloma detiene su búsqueda al borde mismo de su misterio, y ya los rayos del Espíritu Santo descienden, como para mostrarnos un brazo profundo que desciende en los designios de la gracia. Lozano parece como haber dibujado sobre la arcilla, logrando que la materia se curve o se retire, se hunda o reaparezca para lograr los avances y rectificaciones del conjunto. Una ligera presión de los dedos basta para lograr ese animismo de la mezcla, su orgullo de pertenecer a un cuerpo, entrevisto primero, asegurando después en su marcha hasta lograr la coral pertenencia de la imagen.

Lozano ha demostrado saber que para él la escultura es la culminación de un estilo, donde se fortalecen la iniciación y el pueblo. Sabe que la manera egipcia, la azteca o la gótica, no son tan solo bastas mareas milenarias de interpretación de una totalidad, sino formas vivientes que reaparecen a la diversidad de una compleja llamada, Lozano estudia minuciosamente esa marea milenaria, pero cuando toma un punto en el espacio, sabe ya que comienza un diálogo donde su soledad y su persona tienen que responder con un intransferible orgullo.

(*Diario de la Marina*, 25 octubre 1958)

Relieve de fuentes

En un cuaderno de métricos ocios, dedicado a memorizar con guirnaldas el traspaso de Garcilaso, salta de pronto, como liebre remojada, un soneto rubricando otra muerte en la sucesión de la misma línea de la sangre. Ese soneto se nos convierte en dato que espuma, en hecho real que trasuda una situación poética. El «divino» Francisco de Figueroa se entona en un soneto para recordar el hijo joven de Garcilaso, su juventud al lado de la muerte y su muerte en decisión de forzar su destino. Es el esplendor de la herencia de un estilo o modo de muerte. El pequeño hijo de Garcilaso quedó adherido a la imagen de la muerte de su padre. Se sentía penetrado por esa imagen, le pertenecía como si la sombra ausente se hubiese vuelto ferozmente exigente dentro de él. Pertenecer a una imagen es uno de los más provocativos destinos. Hacer de la imagen una divinidad que ordena, un padre que señala, una brisa que punza como una cactácea, es vivir un destino como una futuridad que regala su granada. La imagen le había otorgado un tiempo aclarado, evidente hasta su muerte. Diamante de un recuerdo bien leído, descifrado y crecido en el día único que nos estaba reservado.

Garcilaso, delicado por transparencia, transparente por espacio bien tejido, pudo hechizar, es decir, continuar su manar en realidad y en recuerdo, la fuente de Batres de su adolescencia, y la muerte, pues parece que se acerca siempre a nosotros como muriendo en el cortesano salto de una torrecilla. En su «Égloga II», se rinden precisiones sobre la fuente de su niñez. En el invierno corre templada y numerosa, sin el misterio de su eje cristalográfico. La fuente es además dulce y clara, pero sus hechizos se agolpan en el verano, pues sonríe su líquida paradoja de ser más que nieve hilada. En Garcilaso la fuente de Batres, al paso de sus recuerdos nemorosos, es equivalencia para las ausencias y los descontentos de amor. Cuando ya esa fuente no existe, pasa a ser un duro y conjurado objeto de la memoria. Nos apoyamos en su inexistencia, que se ha hecho dura como un marmóreo pasamanos. Nos adormecemos y crece en el sueño con temblorosa humedad, trazando los contornos de nuestra raíz al atravesar el río.

¿Los tres hijos dejados por Garcilaso, como recuerdan la fuente y la muerte dejadas por el «caballero del rocío»? El mayor viene al recuerdo, traído por el italianizante fiel, en el soneto de Francisco de Figueroa, que nos dice de la reiteración de una muerte igual en el hijo de la mayor fineza castellana. Quizás no desearía la desigual competencia poética con el padre. Pero sabe que por la muerte lo puede igualar en la otra reciedumbre poética. Para él morir tiene que haber tenido como la imantación de la palabra poética. Al lado de ese colmo de destino bien cumplido y bien llevado, que fue el del caballero de la lluvia más fina, de la niebla con más oído para el paso fulminante de las sombras apoyadas, el hijo de Garcilaso, jinetuelo de la muerte, marcha a su lado con la misma canción. Los otros dos hijos de Garcilaso no tuvieron sucesión. Cerraron su destino. El primero, al morir, navega en un soneto con su recuerdo y su armado fantasma. Se le recuerda por la muerte. Extraña poesía, flotando en el oscuro río, saluda ceremoniosamente, cuando una fulguración favorable le otorga la perennitud de su escultura en el légamo mortecino.

La recreada fuente de Garcilaso viene a ser la enemiga de la fuente de Biblis, el turbión confuso de la sangre es vencido por la ascensión de la voz del agua, tazón que despide y conjura de nuevo los juegos de un líquido amanecer. En la fuente maldita, las ninfas acuden para olvidar una pasión sumergida y sombría. En cada una de las venas de la ansiosa Biblis, se entreabre una fuente, que oculta sus deseos de huir como sombra, para acampar en un cuerpo de gloria y gracia. En la fuente, al rendirse la tarde, la remansada sombra salta como un colibrí, tiñendo las aguas de arcos de flores. Las nubes desembarcan sus invisibles mercancías en la fuente, y la baraja de los conspiradores increados asciende por la aguja, bolilla de arena desprendida del mundo de Hylas y Filonous, que existe como arquetipo, pero que desdeña lo fenoménico comprobable.

En cuanto Pegaso golpea la tierra, sobresale una fuente, según la clásica mitología. La fuente de Batres está también en la raíz del brote de las aguas. Como, por otra parte, Pegaso había sido engendrado por la sangre de la Medusa, la fuente viene a traer una pacificación de la sangre, rendida a un agua calmosa ascendente. Son ardidos los combates para llevar las pandillas del Helicón, de las fuentes a los valles. En esos desvirtuados combates, Diana se trueca en un gato; Venus, ya es pescado de reflejos inalcanzables. Mercurio mismo, se convierte en un ibis del ligustre egipcio. Pero, vencedora del valle y de la sangre, de la escondida y vengadora diversidad, la fuente proclama en el recuerdo su congelada columna.

El hijo de Garcilaso ve la fuente de Batres en medio del sonido mortal que desprendió la torre. Lo que el caballero oyó desde la lejanía, el hechizo de la fuente desprendida de la tierra, para ver y oír un agua diferente, historiada, ánima sola, el hijo, en igual línea de fineza, la ve como imán de la muerte, fría corona. ¿Qué puente levadizo rompe con su hacha de fantasma con yelmo y escudo? Da un paso, está ya en la muerte. Pero entonces, oye en el tazón un rumor, donde su padre comienza sus caricias a las espaldas de los líquidos cristales, después de un reconocimiento propiciado por las gemebundas divinidades del agua. Una fuente fluye dentro de la torre mortal, y la piedra ancha que pega en la coraza del más fino guerrero, pasa a rodear la fuente del recuerdo, duramente abroquelada.

(*Diario de la Marina*, 26 noviembre 1958)

Grave de Antonio Machado

Su entrañable convencimiento de la existencia de lo que él llamaba la fe metafísica, *creer que se ve*, nos acerca a los acentos que se derivan de una fe y de una metafísica, que eran de derecho natural. Tanto como a la existencia de una palabra que era de derecho natural, a un acento, es decir, a una palabra que es naturaleza, pero que exime de las combinatorias de la ciudad. Su sentencia se columbraba entre un nombre de villa al anochecer, mentando el nacimiento de un río, y el surgimiento del mismo debajo de una peña secular. Parecía que recordaba al lado de qué río, en qué valle, a qué hora, había nacido en él esa palabra. Entre Moncayo y Urbión precisa que había cigüeñas, que la tarde era roja, cobrando como el respeto de una encarnación, cuando ya algo se posa frente a nosotros y el mirar es el mirarnos. Su poesía cobra así como una precisión milenaria, cuando las palabras se apoyan en lo más visible de la naturaleza. Asegura así la visión, aconseja que se vuelva a pasar por allí, que volverá a repetirse ese hecho de cigüeñas y de tardes enrojecidas, en el recuerdo de la tierra donde cada palabra se aparecía por obligación natural. Lo que sucedió en un pueblo, la entrada en una ciudad, su salida al lado del río, la torre que se inclina como un Narciso de piedra sobre el Genil o el Darro. La hora, en la eternidad de cada tierra, entre Moncayo y Urbión, cigüeñas y tierra de color enrojecida. Decir el sucedido, la tierra y la palabra, eso es, decir la sentencia, lo que parece inapelable. La sentencia es una forma de soberanía. Recorre esa sentencia: repaso de la misma tierra, entre límites de movilidad heraclitana y cumplimiento solar, reposo de varonía fundamental, donde el ojo saltó del reto de la naturaleza al reto de la palabra, llevando no tan solo signo, sino raíz de conjuro. Como en ese espacio hay un árbol, hay allí también una palabra. Calma limenaria, pasada a la sentencia; reposo que es un repaso de lo retornante apresable en la más digna varonía de la eternidad.

«Siembra la malva: pero no la comas», pitagoriza su gnomicidad hispánica. Sem Tob, el Eclesiastés, el Refranero, y siempre Pitágoras, acompañan como sus maestros el rasguño o el tono grave de su sentencia. Si leemos los comentarios de Hierocles a ese símbolo pitagórico, vemos que está impregnado de eticidad renunciadora. Pero ahí, cobra el destello inapelable de un ejemplar símbolo poético, como el gesto de sembrar es superior a cualquier incorporar propietario, pero la interrupción, la pausa cargada de sentido, que por momentos destella, recoge la aguda extensión de una verdad meramente poética. Aunque en la sentencia, en su varia manera gnómica, la levitación de lo poético, decanta una gravedad de eticidad enigmática, que alguien va a seguir, porque parece señalar un ejemplar sendero para un ejemplar y maduro embozado.

¿Distinguir entre el fuego y el agua hirviendo? «Solo queda un símbolo: *quod elixum est ne asato*: No aséis lo que está cocido.» El cuerpo que favorece su evaporación, no es el que resiste las acometidas plutónicas, o lo que ya se ablandó, no está bien para el fuego. Así, comenzaba por recordar en Pitágoras, lo que estaba en la sabiduría especiosa del pueblo. Arte de revisar una moneda, de afincar un rostro, de penetrar un abrigo pobre:

> Da doble luz a tu verso,
> para ser leído de frente
> y al sesgo.

Pero distinguir entre la sentenciosidad de la sabiduría y la sentenciosidad humanística cortesana, entre la sentenciosidad gnómica y la gracianesca. Frotemos el verso anterior con esta sentencia de Gracián: «La primorosa equivocación es como una palabra de dos cortes y un significado a dos luces». El *sesgo* que pide Antonio Machado es el sosiego invariable de lo popular, donde hay acarreo, secularidad y secreta permanencia. Una prueba de la frente ya electa, requiere para el verso, la exigencia de cada quien con su tironeo estelar, con su aproximado de riesgo misterioso y de fortuna desconocida, y la otra visión, que pesa con la eternal pesadumbre. Pero Gracián establece como una astucia donde la equivocación voluntariosa muestra ya su interna vacilación, que necesita de dos luces, de dos puertas. En una de esas luces, donde la equivocación se codea con el regalo de sus primores, hay un lince como de deslizamiento apagado, donde por obra de sus artilugios logra constituir la artificial veracidad de la mentira verdadera, saboreada también por Maese Leonardo.

Esa sabiduría sesgada decantaba constantemente en Antonio Machado, la prolongación del ámbito de ladrillo para el horno, para el harnero o el molino. Decantación también de la casa prefijada, prevista, predada, entre Moncayo y Urbión. Frente a la dispersión fantasmal, el conjuro de un nombre: *Cierra tu balcón, Lucila.* (Véase su poema «La Luna, la sombra y el bufón».) siente que los huesos de su sombra, son también exigencia de la coral secularidad. Al cerrar el balcón, Lucila rechaza la comidilla del *sabbath*. Lucila, que es la intermediaria entregada por la realidad, le sirve para rechazar los dictados de la Luna en el muro. En esa pequeña estrofa, Lucila se constituye en una espesura muy real en la historia de las mujeres hispánicas, que pasaron de la ronda de todos los días, a los conjuros excepcionales de los arquetipos. Lucila, tiene algo, sin parecido de afeites, de la esencia del misterioso instante de la aparición de la pastora Marcela, en el *Quijote*. Lucila, en el poema de Antonio Machado, obedece para rechazar los endriagos y disfraces; Marcela, la pastora frente a la muerte, recaba su destino de aislamiento, rompiendo toda aceptación de ser penetrada en su destino. Se enfrenta con la muerte ajena sin disculpas y hace nueva profesión de su única estela. Lucila ha cerrado las ventanas, para que el mundo irreal no la ofusque con signos tergiversados, aunque sean sombras, disfraces, dictados lunares. Marcela sufre las amenazas de la muerte ajena, tesonera para llegar a su sombra, y no rechaza la imagen de lo destruido. Lucila aparta los murciélagos o fantasmas; Marcela sitúa su libertad por encima de la otra muerte. Ambas, heroínas del rechazar, arquetipos del buen cuidado.

El tono, *signa facit*, se diferencia en Antonio Machado, del acento, *signus habeo*. Entre dar muestras, dar señales y llevar signo al verbo, tener signo, hay la ascensión del tono al acento. «El tono lo da la lengua», dice su sentencia. El ascenso es la comprobación coral, sabiduría, cumplimiento o reconciliación, que recibe el tono como consagración complementaria. Acento. Sentencia. República, muestras de su estoicismo, del soberano bien invisible, que exhala el verbo desprendido del acarreo secular, murallas de la eternidad entre Moncayo y Urbión, espacio muy visto, reiterado, que llega a ser la tierra desconocida, la alegre provocación de lo naciente.

Al acercarse a la madre, la que ve «unas ascuas mortecinas y una hornilla con arañas», lo hace con el realismo especialísimo de un Velázquez, en el acecho sorprendente de las piezas de la casa, costumbre y misterio, reiteración y novedad sacramental que interroga y se esconde. Así, llegamos con la madre compañera de su agonía, a su muerte en la escarcha de los Pirineos. Acento. Sentencia. República. Resistiendo con su muerte al jabalí infernal, a los descensos fríos que el caballero en su agonía intenta resistir con la mirada. En su agonía, donde concurren para ver Velázquez, El Greco y Courbet, golpeado por una escarcha que le alza la presencia de un sacerdote misterioso, alcanza la plenitud de su sentencia los acentos de una despedida en el frío y el regreso dentro de las leyes venerables del toro solar.

(*Nueva Revista Cubana*, n. 2 1959)

Encuesta generacional

Desde que el hombre, en los vientos alisios y los otros han llevado y traído voces custodiando ideas, la polémica universal ha cubierto los siglos de los siglos amén. Se ha discutido de todo, en todos los campos. En los asuntos del arte y la literatura, fracción sensible de la superestructura, la cosa ha sido en grande. Sobre las generaciones y sus diferencias o semejanzas, se han llenado miles de cuartillas. En el campo literario están, por ejemplo, los ensayos de Don José Ortega y Gasset, Julián Marías, Amado Alonso.

En Cuba mucho se ha conversado en esquinas, cortes de caña, guaguas. Naturalmente las generaciones, o los coetáneos, que han marcado los períodos históricos de las letras nuestras, se han enfrentado a diferentes situaciones. Los que comienzan a crear con el ¿gobierno? de Zayas y la brutalidad machadista, los otros, que vienen en tiempos de «cubanidad» y «cordialidad», los terceros que se debaten en la noche batistera, no pueden ver ni reflejar lo mismo. Su obra está dada, en última instancia, por el acontecer que los acompaña. Hoy mismo están naciendo otros creadores, en medio de la Revolución. La diferente circunstancia actúa sobre la letra.

Aquí hay once escritores de distinto tiempo, estilo y género. Dónde están de acuerdo, en qué difieren, por qué; para cubrir esas interrogantes se hace esta encuesta, que quizá no haga más que seguir echando leña al fuego y cuartillas a los rodillos.

La Gaceta de Cuba

1. ¿Qué entiende usted por confrontación generacional?

El tema de las generaciones tiene una raicilla tan pesimista como fatal. *Faire autre chose, faire le contraire*, es conseja socarrona de un viejo cepillado o de un joven avispa. Aceptar que en cada generación hay quince años germinantes y otros quince de adormecimientos, es negar en la historia aquel es creíble porque es increíble y el es cierto porque es imposible de Tertuliano. Generaciones fueron y generaciones vinieron, pero el hombre permanece. La noche, la benévola de los griegos, permanece. El hombre de las emigraciones milenarias, permanece. El Eros Cognoscente llena todavía de invariables reacciones la sustancia. Es la invariable reacción ante la pavorosa Hera y sus fríos descensos, el hambre protoplasmática y el agua maternal cubriendo todas las grietas.

No se puede confundir lo que es verídicamente generador, con la perspectiva crítica proyectamos hacia el pasado. Para redimir al amarrado en el Cáucaso y a la intranquila Inaquea, perseguidos por los tábanos, tienen que pasar diez generaciones para alcanzar los himeneos y la aceptación de la parte del fuego.

Destruir las generaciones que pasaron puede ser un macabro entretenimiento, pero es mejor la penetración en lo oscuro y en la poesía, en el *entre-deux* pascaliano. Todas las generaciones, ya lo he dicho en otra ocasión, cantan en la gloria. En el valle del esplendor no existen jóvenes ni viejos. Los ancianos se presentan con el mejor de sus gestos y la más eficaz de sus palabras; las mutilaciones de los jóvenes, por el martirio o el remolino de las batallas, brillarán como las estrellas.

2. ¿Cree usted que después de 1959 en Cuba esa confrontación tiene razón de ser?

Las revoluciones, que son la gravitación de las eras imaginarias, convirtieron al viejo en joven, es Carlomagno conquistando una ciudad a los 220 años, hecho aceptado por la imaginación merovingia. Convierte al joven en maduro sorpresivo, es David penetrando en la ciudad rodeado de citaredos y flautistas. Una revolución tiene algo de Sol de medianoche, lo real y lo irreal se confunden en un nuevo sentimiento de lejanía. A esa lejanía le basta una sola tangencia terrenal para las algazaras y los comienzos germinativos. Un hecho nuevo puede inaugurar nuevos sentidos en el hombre. Todas las grandes épocas nos han dejado sentidos fabulosos. Una expresión con la fuerza de los comienzos y una configuración sin cansancio.

3. ¿Cómo definiría usted su generación?

Se forma parte de una generación cuando se ha trascendido esa contraseña. Lo que queda de una generación es la cima de todas las generaciones. Los dieciocho años de Rimbaud, los cuarenta y dos de José Martí, los ochenta y dos de Goethe, no forman parte de una generación. Para ello hay que ser el joven cazador que se burla del viejo hechicero de la tribu, como Rimbaud. Poder decir como José Martí poco antes de su muerte: «Yo creceré bajo la hierba». Levantarse en la madrugada, para aprovechar el nacimiento solar y poner dos nuevos versos en el Segundo Fausto como Goethe. La tierra prometida, la Orplid, la Fata Morgana, interesan más que el grupito que se tiene enfrente por orden de Cronos o de Saturno. ¿Qué es lo que nos sigue atrayendo de José Martí? La fuerza enorme de su *potens*, de su posibilidad, encarnada en la imagen.

(*La Gaceta de Cuba*, n. 50, abril-mayo 1966)

Respuestas a *Cine cubano*

1. ¿Qué realizadores o escuelas de cine le resultan particularmente interesantes?

La escuela neorrealista italiana y el cine francés en general me parecen muy interesantes, pero para mí tiene un valor especial el cine japonés, cine de forma épica cuyas imágenes captan leyendas y tradiciones y nos muestran la historia del Japón desde su período feudal al momento contemporáneo. Entre los realizadores, Buñuel. *Viridiana*, por ejemplo. El tema de la mendicidad, un viejo tema español. Creo que esta película contiene un gran acierto de tipo goyesco: El banquete. Hay ahí ese estado de alucinación en que la pobreza llega, por la fuerza de la imagen, a vivir los más opuestos estilos. Esa secuencia me parece magistral.

2. Usted ha escrito un poema —«Minerva traduce el mar»— que hace las veces de texto para un documental del ICAIC: *Minerva traduce el Mar*. ¿Qué puede usted decirnos acerca de esta experiencia?

Vinieron a verme unos jóvenes del ICAIC —Oscar Valdés, Humberto Solás y un joven de apellido Canosa— para pedirme que escribiera un texto para ese trabajo. El filme estaba hecho ya. Asistí a una proyección y me pareció interesante como película experimental. Naturalmente, creo que si yo hubiera trabajado en contacto con Valdés y Solás desde antes, durante algunas fases de la realización, hubiera podido lograr una mejor adecuación temporal del poema y no me hubiera visto obligado a reducirlo después en función de la estructura de la película. Más tarde tuve ocasión de verla en el cine Rex y pude comprobar que el público asimiló muy bien tanto las imágenes como el poema. En fin, que el público tiene un poder de captación muy grande, pues esta es una película nada convencional.

3. ¿Diría usted que el arte experimental es compatible con las exigencias que la Revolución hace a nuestros artistas en general y en particular a nuestros cineastas?

Yo creo que el arte de experimentación, entendido en una dimensión profunda, es siempre contemporáneo del momento en que se produce y necesariamente consecuente con el pensamiento revolucionario. El cine surrealista es un ejemplo de cómo los artistas de cierta época lucharon con la imagen y lograron plasmar muchos contenidos de esa época. El *Ulises* de James Joyce fue considerado al principio una mera experiencia estilística. Incluso se dijo que se trataba de una ensalada filológica. Pero a medida que pasa el tiempo, precisamos la fundamentación de esta obra, la raíz de ese mundo en el que todas las preocupaciones del hombre pasan desde su caos hasta su cosmos, de tal manera que se hace necesaria su lectura para comprender la vida irlandesa de esa época. Y lo que se pensó que era una obra deshumanizada era la expresión de ese tránsito de lo informe y caótico hacia un nuevo ordenamiento. En un país donde se producen profundas transformaciones, yo creo que el cine experimental puede contribuir a captar mucho de lo nuevo que surge en la sociedad.

4. En su calidad de escritor, ¿qué representa para usted el cine como medio de expresión personal?

Para mí, como para cualquier escritor, el cine constituye la posibilidad de ampliar el horizonte de la obra creadora. No solo desde el punto de vista estrictamente literario, pues en toda fuente literaria existen elementos extraliterarios —elementos de época, históricos, por ejemplo— que pueden contribuir a la creación de verdaderos aciertos cinematográficos. En este momento yo estoy componiendo una antología poética y me sirvo de elementos extraliterarios que enriquecen el interés de ese trabajo.

El nacimiento del cine marcó una nueva posibilidad a la expresión del hombre. Es en sí mismo un camino y recibe todos los aluviones que pueden enriquecerle sin quedar supeditado a ninguno. El cine ejemplifica la búsqueda eterna de la unidad por parte del hombre. Y todo lo que contribuye a la unidad del hombre son fuerzas nobles, que nacen ya destinadas a lograr esa unidad. Y todas las fuerzas que tienden a la dispersión y a la fugacidad son fuerzas dañinas. Y así desde Pitágoras hasta nuestros días.

(*Cine Cubano*, nos. 23-25)

Relaciones de Armando Álvarez Bravo

Lo relacionable se apoya en el tiempo, aunque su visualización lineal sea un espacio que desde allí nos mira con cierta brusquedad desconfiada. Irá abandonando ese perplejo en el tiempo que enlazándose a los cuerpos les presta su desfile y les regala una pertenencia. El tiempo les otorga movimiento como un ciempiés y entonces viene a nuestra búsqueda con una tenaz mirada de reconciliación. Cuando se establece un hilo incandescente al poner la mano sobre un objeto, la ponemos en realidad sobre un invisible polvillo intemporal que no está y nos hostiga, que no se oye y nos aconseja un tanto apesadumbrado, llevándonos hacia la terraza donde una sombra viene a cubrir ese desafío temporal de los objetos. El poeta caza en sus dominios cuando relaciona en un tiempo que se ha hecho otra espejeante subjetividad. El halcón y la garza pican el mismo maíz en ese espejo, el tiempo los enmascara y el yo tan cruel como burlón se obstina en diversificarlos.

Paradójicamente ahora Álvarez Bravo, al renunciar a las ambiciones aparentes, —fatalidad de mucha poesía actual que nace ya despedazada— nos otorga un crescendo de realizaciones en un tiempo que se le va volviendo otro. Una polarización cualificada y lenta, una dichosa lentitud que avanza en extrañas y fascinantes progresiones pitagóricas. Este libro[6] es una invitación a las secretas resonancias de las pausas.

La sorpresa en la espera de la tensión de la tela. La urdimbre se va cubriendo de un desfile sin interrupciones ni mal-

6 Este texto iba a servir de prólogo al poemario de Armando Álvarez Bravo *Relaciones*, que Ediciones Unión publicó en 1973. Para entonces, Lezama Lima sufría su período de ostracismo y se hallaba marginado como escritor. Debido a eso, su texto fue eliminado del libro de Álvarez Bravo.

querencias. Así vemos que en el primer poema de *Relaciones*, la tela se colora con el castigo depositado en la tarde, seguido de la permanente reiteración de los nadadores, pero en ambos las letras que se esbozan en la costa son tocadas por las exigencias relatables. La sucesión de los poemas va formando un solo poema, donde la diversidad de los títulos es como una ilustración entre los textos. Un paréntesis temporal para la visualización que sirve de descanso a un oleaje que va desde el mediodía a la cotidiana desesperación del alfarero. Pero quedarán en la extensión de la tela como manchas verbales impulsadas por la segura rotación de un índice para la oportunidad (secreto innato para el tiempo privilegiado) y el sitio que le corresponde en el desfile de cada palabra.

Con sus amistades que son sus aventuras, Álvarez Bravo muestra una complacencia en perseguir esas palabras hasta perderlas de vista, pero allí con sus nuevos sentidos la memoria las distribuye para otro nacimiento. Él vence esa peligrosidad, espera el movimiento en que desaparecen las palabras para que su memoria tienda de nuevo sus redes.

Buscando con fanática decisión el reverso de las palabras, se llega a las islas Afortunadas, entre los remolinos y la presencia terrenal que se acerca con una amistosa curiosidad. El reverso verbal se une con lo otro desconocido. En su hermoso poema «*On the water-front*», se desea una nueva oscuridad, la claridad y la oscuridad tienen también la tristeza de su caducidad, otro posible desprendimiento verbal de su armada amniótica, es decir, un cristal viviente que mantiene sin empañarse los corpúsculos que forman el cuerpo intocable de cada palabra cuando irradia para ser contemplada por el neuma universal.

La misma tierra desconocida que le brinda un paradojal sosiego es la que aviva su nostalgia. Ese extraño residuo de memoria que hay en la nostalgia, despierta con inteligente voluptuosidad su reconocimiento. Va andando por la ciudad que como un despertar va sintiendo cómo surgen las palabras, aprieta entre sus manos una esponja que comienza a darse a conocer por una música insistente. Todo su cuerpo, como otra tela desconocida, siente la llegada de esa única palabra a la escalera de cuarzo de su indetenible metamorfosis.

El sosiego del *inteligere*, la melancolía que *oye* su más servicial oportunidad, la espera sonriente la noche en su dicha apretada con el cuerpo estelar de las palabras que muestra Álvarez Bravo, no se reiteran con frecuencia en nuestra actual poesía. Una esfera que siente la nostalgia del caracol, un caracol que desea rotar como una esfera, parecen ser sus más cercanos símbolos. Junto con las manos, llenas de ojos, que se hunden en las agallas del pez.

(*La Gaceta de Cuba*, n. 98, diciembre 1971)

Prólogo

Al totalizarse la novela y la poesía americanas, al alcanzar una madurez inicial, la posesión de la crítica alcanzó su perplejo. Hasta ese momento había sido una acompañante dichosa o reprimida, solfeando casi siempre desde el exterior, el desarrollo de la obra de arte. La novela se hizo una suma de todas las artes, desde el folklore a la catedral. Proust lo mismo utilizaba las parodias de la Danza del moscardón o el Coro de las hilanderas, mezclado con los pregones de los verduleros, hechos a la manera gregoriana. La poesía, que había sufrido tantas vicisitudes y fragmentaciones en esta secularidad, entraba y salía de la novela buscando cuerpo, diálogos, entrecruzamientos. Lo relatable ya no era lo descriptivo. La descripción se hacía *quidditaria*, recorrida por las esencias. Las palabras oscilan y pierden su connotación fija. Era un mundo subsecuente al silencio al que había llegado Mallarmé y a la sola palabra a la que había llegado Rimbaud. Lo visual era arrastrado por el tiempo con verdadero frenesí. El cuadrado de papel era reemplazado por el espacio abierto. Lo estelar taoísta volvía a manar sus frutos, con la maliciosa sutileza de la lluvia nocturna.

La crítica tenía pues que comenzar también. Retrocedía un tanto confundida, buscando en el espejo de los valores y lo categorial. No era, como se había pensado con confundida ingenuidad, una trasmutación de valores, en su reemplazo por el vacío acompañado por el *horror vacui*. El vacío que había o quería sustituir a los valores se hacía de inmediato asfixiante, pesadumbroso, estableciendo una radical diferencia entre la nada de los comienzos, el cuerpo desnudo a la orilla del mar, y el vacío del cansancio, el cuerpo culpable que ya no tiene fuerza para escoger nuevas culpas. No es la *felix culpa*, sino el escoger trivial, que no escoge a ciegas, sin sumergir las manos en el tonel caótico del vino.

La crítica del siglo XIX más importante se manifestaba valorativamente. La circunstancia, la sociología y el sicologismo se hacían a través de cánones fijos. La nueva crítica tenía que armarse en otro arsenal o presentarse en el mejor de los casos con la misma desnudez de la creación. Salvo la gran excepción de Baudelaire, ya penetrando, según la expresión de Yeats, en las capas centrales del fuego, en Ingres o Delacroix, en Hugo, en Balzac o en Poe. Mientras que un Saint-Beuve acertaba más con Virgilio que con Stendhal, con Ronsard que con el mismo Baudelaire. La lejanía lo agudizaba en precisiones, lo contemporáneo lo desesperaba. La contribución del presente al pasado lo obnubilaba. La pátina sofrosinaba su visión.

Se iba haciendo un hueco en torno de lo contemporáneo. Ya Rimbaud no tuvo crítico hasta la aparición de Rivière. Las páginas que le dedicó Mallarmé no son suficientes y motivaron la indignación de Bretón. Tenía siempre al alcance de la mano la redoma de día y la redoma de noche, nos dice Mallarmé, como queriendo vengar a Rimbaud. Que lo contemporáneo no tuvo crítica, principalmente la poesía, era una situación que había que superar con urgencia. La amistad de Eliot, Pound y Joyce, parece en nuestra época haber superado esa posición vacilante y perezosa de la crítica.

Es un momento dichoso alcanzado por la novela y la poesía hispanoamericanas. La novela actual se había situado en un amanecer semejante al de los cronistas de Indias. Se descubría el lenguaje y se inventaban las ciudades. La poesía y la novela se volvían furiosas en la búsqueda de la *poiesis*, de la creación, en el sentido griego de opuesto a la *tecné*, a la manera, al procedimiento, al desarrollo temático. Se instalaba en un volante tiempo puntiforme y en lo que he llamado el espacio gnóstico, es decir, el espacio que conoce y pare, semejante al cielo silencioso de los taoístas. A ese momento de la toma de posesión expresiva americana, corresponde la crítica de Julio Ortega, tan joven como maduro. Tan maduro y tan cercano a la alegría de los comienzos en mitos y canciones.

La mejor poesía y novela americana actual han comenzado por abominar la ingenuidad de la autoctonía y la estereotipada arrogancia de las modas. ¿Por qué surgió en América el fatalismo de la autoctonía? En los milenios de la cultura occidental jamás surgió esa confusión. Los egipcios, el Oriente, Catay y Cipango, todo contribuyó a esa gran plenitud. Todo lo que convergía al centro germinativo en el espacio vacío, se recibía con alegría. La innegable calidad universal de la poesía y la novela americanas se debe a la superación limitadora de la autoctonía y de la tolerancia pasadista.

En una dimensión profunda todo el que intenta vivir el instante lo trasciende. Ese complejo nace de una solución intermedia, de vivir con vacilación el paso del instante. No era tan solo el contraste con el instante anterior, sino el desconocimiento de la suma que es en la actualidad toda forma expresiva. El conocimiento de Lautréamont y los surrealistas, unido al endecasílabo quevediano, a la polimetría de las *Soledades*, es lo que ha provocado mucha de la mejor poesía contemporánea americana. Todos esos núcleos de ganancia han sido precisados por Julio Ortega desde sus comienzos. En sus trabajos críticos ha superado, con una dichosa realización de tiempo, todos los *parti-pris* de las generaciones anteriores americanas y así ha podido establecer y seguir las formas expresivas más logradas de las últimas promociones.

En la crítica, Julio Ortega se ha salvado de las sirtes de la estilística y el estructuralismo. Abomina de la ciencia literaria, de la filología como clave del gusto. Nunca he comprobado en alguna de sus líneas la palabra sintagma. Ucronía y diacronía no son disfraces para usar en cualquier baile. Él ha procurado huir con visible tenacidad de la moda de la crítica. Lucha con nobleza para lograr sus propios órganos de aprehensión.

Su manera crítica se destaca en la revisión de la más significativa poesía peruana a partir de José María Eguren. Sobre poetas tan opuestos como Vallejo y César Moro, logra el espacio donde se insertó su escritura, el misterio de donde partió y regresó su espiral.

Me impresionan sus estudios por la forma de sus aproximaciones. Lee la obra, toma sus notas, revisa anteriores testimonios. Luego establece una suspensión, un retiramiento, como decían los clásicos. Reaparecen las metáforas como encuentros sorpresivos. La imagen abre la puerta y penetra en la sala de baile de la novela. La mirada comienza a ordenar la escritura. Así ha podido unir, como él dice, el aleteo del ave fénix de *Rayuela* con la poesía solar de Octavio Paz. Su crítica recorre una metamorfosis paralela con la obra estudiada. Una metamorfosis no en el sueño sino con la lucidez de un metal que absorbe y refracta el corpúsculo solar.

(Julio Ortega, *La imaginación crítica: ensayos sobre la modernidad en el Perú*, Ediciones Peisa, Lima, 1974)

José Ángel Valente: un poeta que camina su propia circunstancia

Un grupo de españoles está más allá, sin dejar de estar más acá de sus fronteras. Como cada palabra se nutre de su contraria, lejanía revela una cercanía profunda, no los límites de un ciego apego. María Zambrano, como J. A. Valente y otros españoles, hace años que han buscado los ventisqueros suizos, tal vez la Alta Engadina, como Nietzsche para su vivir más profundo. Eso les ha dado un extrañamiento, una perspectiva, y también un entrañamiento, una facultad para poder tomar de un pasado el germen viviente y actualizarlo o sembrarlo de nuevo. Por haberse liberado del pasado, el tiempo abandona sus vertientes y pasado y presente se igualan por su raíz germinativa.

Las palabras de la tribu de J. A. Valente es libro que tiene una madurez y una juventud. Una madurez madura, *quidditaria* diríamos con los escolásticos, que sabe encontrar y descifrar sus esencias. Encontrar por el intelecto y descifrar por la penetración inefable, por la vía iluminativa. Si Valéry hablaba del joven apasionado que en una aldea de Francia estaba dispuesto a dejarse matar por los versos de Mallarmé, de la misma manera los ensayos críticos y los poemas de Valente parecen estar hechos para ese joven lejano, pero presente en su ausencia ansiosa. Para ello, Valente comienza por hablarnos de la comunicación. Sabe que hay un remolino de confusiones. Donde muchos creen encontrar la comunicación, mejor estaría el pétreo silencio. Valente sabe y precisa lo que es la verdadera comunicación, el silencio que entreabre la almendra de una blancura presente por ausente, el silencio que se articula y ofrece. Cómo detrás de cada palabra hay otra palabra que es la que logra la luz del silencio evidente. De palabra silencio que logra un sonido desconocido, pero que oscila momentáneamente delante de la visión y después va cayendo sobre nosotros como un rocío sobre los huesos.

En nuestra época la comunicación necesita de un constante esclarecimiento. En su función de relación humana no puede ser otra cosa que la unión de la gracia con la caridad. Una mágica ambivalencia y la única respuesta del Eros estelar que actúa sobre nosotros es la caridad.

No creo que en la literatura española de los últimos años haya un libro más esclarecedor que *Las palabras de la tribu*. Un estudioso joven encuentra una incitación constante y las más pulcras respuestas. Un escritor maduro sorprende en ese libro las correspondencias más cercanas a los conjuros y misterios de las palabras délficas, de la plenitud alcanzada por algunos poetas. La primera parte del libro puede considerarse como una introducción a los problemas que plantea la poesía de hoy y la eternidad de la palabra poética. En sonido, el silencio, la nada, la autodestrucción de la palabra y su reaparición en las más extrañas y opuestas latitudes. Es un valiosísimo resumen de todos los riesgos que atraviesa la poesía contemporánea. Cómo la palabra desaparece, se hunde en el silencio, se vuelca sobre la nada y reaparece de nuevo en un silencio que es la otra palabra que, por inesperada, se articula de nuevo y ofrece conexiones en un mundo nuevo. Nos demuestra que cuando el poeta pone sus manos en la poesía, un tiempo nuevo aparece, un tiempo que sorprende al poeta, que aparece después que el tiempo se ha borrado. Pero en su esencia, en su mundo *quidditario* nos muestra Valente, en un centro, un omphalo donde todo viene a sorprenderlo, a hacerle nacer de nuevo, donde todo se ha liberado del acecho del problematismo para mostrar un cumplimiento, una coordinación o contrapunto inesperado. Una nueva causalidad que se renueva constantemente en el tiempo, pero sin ser reconstruible.

Cuando Valente señala la eticidad fundamental de españoles como Cossío, F. Giner de los Ríos, Sanz del Río, parece que busca de nuevo su tradición del bien, la verdad y la belleza, en que se enraízan poetas como Machado y J. R. Jiménez. Trata con la inquietud con que pueden tocarse ciertos misterios una forma de ver y actuar que está en la tradición del Soberano Bien. Aun poetas como Baudelaire, Lautréamont o Rimbaud han trabajado dentro del orden de la caridad, de la gracia que se regala y del trabajo que se siembra. Buscaron otra verdad, otro bien, otra belleza, pero en definitiva solo señalaron la eternidad de la persona. El bien, la verdad y la belleza fluyen como un arca sellada que va mostrando la perennidad del reto. La *terateia* es un continuo, no una excepción. Siempre el hombre al despertar se encuentra con la maravilla del aire y con la tierra incógnita, con la tierra desconocida. Esa eticidad se fundamenta no en el yo, rescate del individuo, sino en un yo universal, en la creencia de raíz religiosa, en una conciencia universal para lo visible y lo invisible, donde los muertos participan también, como creían los egipcios, en la revolución que palpita en la misma raíz de la eternidad.

Valente es uno de los españoles que tienen sus ideas más claras y creadoras sobre el pasado y el presente de su país. Todo el que intente acercarse a los poetas más significativos de la España actual ganará puntos de vista sugerentes conociendo sus textos. En un momento donde la confusión descensional intenta confundirse con el caos creador, nos da él la palabra inicial diamantina. En lo que nos dice parecen oírse siempre las viejas, eternas palabras del Oráculo de Delfos:

«Lo bello es lo más justo, la salud lo mejor, obtener lo que se ama es la más dulce prenda para el corazón». Felizmente él no está de vuelta, lo cual en el fondo revela cierto cansancio, sino partiendo de los Alpes suizos o de la llanura castellana, muestra la alegría de adentrarse por todos los caminos.

Al lado de su obra crítica, su obra de poesía, su libro total *Punto cero*. La ceniza y la esperanza. La muerte. Y, por encima, la verdad. El ángel con su espada para penetrar en el hombre, donde está el amor que resiste. Y un temor a la pregunta y a la respuesta. El misterio de la respiración estableciendo las más sutiles distinciones entre los hombres y su sombra vacía. Una palabra que se despereza y echa a andar como un fantasma de cuerpo duro. Con un temblor se aproxima a las cosas y las ve desaparecer, asegurando su despedida, con un roce casi imperceptible. Las despedidas de la muerte cuando estamos con los ojos cerrados. Lo cotidiano y la muerte sin sorpresa, como si fuésemos a una oficina y tomásemos de pronto nuestra caminata, como una nueva evaporación que desconocemos. Echa de nuevo a andar por nuestro barrio, sacándolo de su nicho con relámpagos, a Francisco de Quevedo o acude en Roma a la celda donde Miguel de Molinos procuró trazar coordenadas en la nada y en la destrucción. *Sin nudos ni metáforas-seamos*. Como los egipcios que descubren la muerte, pero saben que allí se repite la vida, el trabajo y la otra muerte, ya paz, hasta el Sol.

No creo que haya en la España de los últimos veinte años un poeta más en el centro de su espacio germinativo que José A. Valente, con la precisión de la ceniza, de la flor y del cuerpo que cae.

(*Revista de Occidente*, n. 9, julio 1976)

II

Orígenes cumple diez años

Salvador Bueno

Las medidas del tiempo padecen indudable relativismo. Poco tiempo representa una década en la historia de un país. No obstante, ese mismo espacio de tiempo constituye un largo trayecto de vida para una revista literaria. Mucho más cuando esa revista se publica en Cuba. *Orígenes*, la excelente publicación de arte y literatura, acaba de arribar a su décimo año de existencia.

El aniversario posee mayores relieves. *Orígenes* ha sido el principal órgano de expresión de un notabilísimo grupo de escritores cubanos que —desde hace más de quince años— ha mantenido severamente sus criterios y ha laborado tenazmente, sin claudicaciones, por el desarrollo de una obra literaria, insólita en nuestras letras. La tenacidad de sus empeños se revela no solo en la publicación de varias revistas, desde 1937 hasta su culminación en *Orígenes*, sino en la edición de sus propios libros de prosa y poesía.

El grupo de *Orígenes*, como se le conoce en los círculos literarios, está centrado en la persona y en la obra de José Lezama Lima. Muchos de sus amigos, colaboradores de la revista, le llaman maestro. Por más de quince años este joven escritor —tiene actualmente cuarenta y dos— ha sabido influir y conducir a toda una promoción poética. En 1948 Cintio Vitier, uno de los poetas más destacados del grupo, publicó *Diez poetas cubanos*, antología que recoge las composiciones de Lezama, Ángel Gaztelu, Virgilio Piñera, Justo Rodríguez Santos, Gastón Baquero, Eliseo Diego, Cintio Vitier, Octavio Smith, Fina García Marruz y Lorenzo García

Vega. Allí se reconoce el magisterio de Lezama y se dibuja el desenvolvimiento de este valioso grupo de poetas.

La defensa de la obra

Los diez años de *Orígenes* no pueden pasar inadvertidos a quienes se preocupan por la literatura en nuestro país. Establezco una cita con José Lezama Lima. Él mismo nos hablará del proceso de la revista y de las proyecciones del grupo que comanda.

Me recibe acompañado por el padre Ángel Gaztelu. Gaztelu, autor de una serena producción lírica, es cura párroco. Gracias a sus esfuerzos la pequeña iglesia de Bauta está enriquecida con murales y vitrales de los más notables pintores cubanos de hoy. Alrededor nuestro, los cuadros que cuelgan de las paredes indican las aficiones pictóricas y los vínculos con artistas plásticos que han tenido los poetas de *Orígenes*.

—Lezama —le pregunto—, al público le gustaría conocer los derroteros y criterios de los poetas de *Orígenes*.

—Mire, amigo Bueno, muchos dicen que en *Orígene*s se ha reunido una generación literaria. Yo prefiero decir que es «un estado organizado frente al tiempo», es decir, que aquí hemos coincidido un grupo de poetas con apreciaciones comunes sobre el papel de la poesía en nuestro tiempo.

—¿Cuál podría ser el papel de la poesía en Cuba?

—Sobre eso nosotros pensamos —cuando comenzamos a publicar la revista *Verbum* en 1937— que la poesía podía servir también para la integración de lo cubano. Frente a la desolación de los hechos políticos externos, la esencial labor poética representa una obra de mayor alcance y profundidad. La poesía nos hace participar en el proceso creador de la nación.

—Existe entonces una absoluta unanimidad por todos los miembros del grupo...

—No, no lo crea así. Cada uno de nosotros posee sus características individuales. La poesía del padre Gaztelu, por ejemplo, pocos puntos de contacto tiene con la de Vitier o la de Eliseo Diego; sin embargo, sí hay algunos criterios que todos compartimos de modo implícito.

—¿Cuáles son? —interrogo al padre Gaztelu.

—En mi opinión —me responde el presbítero— una de esas coincidencias es la total dedicación a nuestra obra literaria, la búsqueda incesante de nuestra más cabal expresión.

—Recuerdo que en algunas de sus revistas algo dice sobre eso.

—Sí, efectivamente —me aclara Lezama—, aunque en las revistas que hemos ido publicando: *Verbum* (1937), *Espuela de Plata* (1939), *Nadie Parecía* (1942), *Clavileño* (1943) y *Orígenes* (1944), no hemos dedicado mucha atención a manifestaciones literarias más o menos inútiles, en el primer número de *Espuela de Plata* aparecieron en la página inicial los pensamientos que nos impulsaban.

Lezama Lima se pone en pie en busca de ejemplares de las revistas mencionadas. Me muestra los seis números que salieron de *Espuela de Plata*. En el número A aparece «Razón que sea» y de allí copiamos esta definición sobre el valor de la obra propia, de la personal creación:

«Mientras el hormiguero se agita —realidad, arte social, arte público, pueblo, marfil y torres— pregunta, responde, el Perugino se nos acerca silenciosamente, y nos da la mejor solución: "Prepara la sopa, mientras tanto voy a pintar un ángel más"».

Proceso de una promoción literaria

La visita del ilustre poeta español Juan Ramón Jiménez en 1936 tuvo gran influencia en los rumbos de la poesía cubana. Frente a la situación caótica del país, varios escritores jóvenes comienzan a publicar versos y prosas en *Verbum*, órgano de los estudiantes de Derecho de la Universidad de La Habana. A su lado están pintores y escultores de su misma edad, como Mariano Rodríguez, René Portocarrero y Alfredo Lozano. Estos escritores están muy al tanto de las literaturas europeas contemporáneas, son admiradores de Rilke y de Kafka, de Chesterton y de Borges, de Valéry y de Gómez de la Serna.

Se les acusa por eso de «extranjerizantes». Pero es que ellos van en busca de lo nuestro no por las fórmulas pintorescas, costumbristas, de los autores de antaño, sino por la asimilación y el ejercicio de formas universales. Lo cubano, por lo tanto, en función de lo universal.

—¿Qué me dice usted de esa cuestión, Lezama?

—Que no es cierto nuestro olvido de lo cubano. Ya en 1936 se publicaba en el volumen *La poesía cubana en 1936* que organizó Juan Ramón, un poema mío sobre la Playa de Marianao, más tarde otro poema, «Noche insular, jardines invisibles», revela mi preocupación ante el contorno, lo mismo que cuando hablo del «arco invisible de Viñales».

—Es que a ustedes no les atrae lo externo, el trazo costumbrista.

—Efectivamente. En la obra de todos nosotros está lo cubano, pero no lo cubano evidente, sino la vida secreta, esencial, de Cuba. Vea los poemas de Vitier, de Diego, y la obra de García Vega, *Espirales del Cuje*, que obtuvo en 1952 el

Premio Nacional de Literatura y de Novela. Ahí está la cubanía sin aditamentos superficiales.

Radiación de Orígenes

Pregunto al padre Gaztelu qué radiación e influencia ha ejercido la revista en sus diez años de vida.

—*Orígenes* ha publicado traducciones autorizadas de los mejores autores contemporáneos, de Santayana, de T. S. Eliot, de Albert Camus, de Stephen Spender, etc.

—También ha editado libros...

—Sí. Más de quince volúmenes hemos editado. Libros de poesía de Lezama, Vitier, Fina García Marruz, Diego, y también ensayos de Mario Parajón, narraciones de Diego, de Ramón Ferreira y de García Vega.

—¿Se han incorporado nuevos escritores al grupo?

—En las páginas de la revista aparecen composiciones de jóvenes poetas como Aldo Menéndez y Alcides Iznaga, de Cienfuegos, de Fayad Jamís, de Roberto Fernández Retamar, Pedro de Oraá, además, cuentos de Ramón Ferreira y ensayos de crítica teatral de Mario Parajón, que representan la literatura cubana más joven.

—¿Qué tal ha sido acogida la revista?

—Tenemos testimonios preciosos de grandes escritores. Poetas extranjeros tan notables como Luis Cernuda, Vicente Aleixandre y Octavio Paz nos han dedicado muy generosas palabras. Recientemente Eugenio D'Ors dedicó todo un artículo a comentar las obras de los poetas de *Orígenes*, del cual se hizo eco en una crónica enviada a *Carteles* desde Madrid, Virgilio Ferrer Gutiérrez.

Escribiendo estas cuartillas recuerdo unas palabras del gran poeta mexicano Octavio Paz al comentar la antología de Cintio Vitier:

«Pocos se han dado cuenta de la originalidad de los nuevos poetas cubanos —dice Octavio Paz—. Gracias a su libro se descubre una generación ejemplar. La única, que yo sepa, que se ha rehusado a continuar los ejercicios académicos a que están entregados casi todos los poetas de América y de España. Creo que, como en la Primera Antología de Gerardo Diego, y la de Jorge Cuesta, de su libro se irán desprendiendo algunos nombres, llamados a ser excepcionales en la poesía de nuestra lengua y de nuestro tiempo».

Alejo Carpentier, desde Venezuela, escribió lo siguiente:

«Es indudable que la generación nacida de *Orígenes* ha dado con una manera de ver y de sentir lo cubano que nos redime del abominable realismo folklórico y costumbrista visto hasta ahora como única solución para fijar lo nuestro. Lo mágico, lo singular, lo directamente poético (y tanto más oculto, por ello mismo, de nuestras cosas) está apareciendo en la obra de estos muchachos, con un maravilloso caudal de aciertos».

Situación y huella de un grupo literario

Ahora que la revista *Orígenes*, gracias a la tenacidad y esfuerzo de sus componentes, ha llegado a su décimo año, resulta oportuno hacer un balance de su labor. Los poetas de *Espuela de Plata* y de *Orígenes* han sostenido polémicas y debates con escritores de la anterior generación literaria y de la actual, en defensa de sus propios criterios. Ellos defienden lo que Roberto Fernández Retamar ha llamado «la poesía trascendentalista», que les lleva al misterio lírico, a temas metafísicos y teológicos, tan apartados de la poesía social como de la mal llamada poesía pura.

Durante quince años de labor, estos poetas se han despreocupado de los altibajos de la vida política para ponerse —humildemente, severamente, con tenacidad— a elaborar su propia obra. Muchos quisieron olvidarlos, desearon pasar por alto sus realizaciones. Sin embargo, no han tenido más remedio que fijar la atención en esta obra, la producción lírica de este grupo de *Orígenes*. Ninguna otra revista exclusivamente literaria, de elaborada forma lírica, de honda afirmación en el espíritu de nuestro tiempo, revela la huella que este quehacer acendrado ha ofrecido a las letras cubanas contemporáneas.

(*Carteles*, 23 mayo 1954)

Cómo vive y trabaja el poeta José Lezama Lima

Octavio R. Costa

Un traje de gabardina gris. Una impoluta y almidonada camisa blanca. Una corbata de color olvidado. Unos recios y lustrosos zapatos negros, con una gruesa suela que luce casi inestrenada. Una voluminosa estructura anatómica. Un rostro de noble y limpia expresión que remata en una negra cabeza perfecta y ondulantemente peinada hacia atrás. Una palabra abundante, suntuosa, discursiva, rubricada por unos ademanes suaves y elegantes. Y una respiración defectuosa, rítmicamente condicionada por el asma que desde los seis meses le ha llegado implacable, pertinaz, hasta los célibes cuarenta y dos años que tiene ya este sumo pontífice de la poesía trascendentalista, este rector mayor del Grupo Orígenes.

Está sentado en la sala pequeña y oscura de la casa en que vive, desde hace veinticinco años, con su madre y con una vieja criada que entró a servir a la familia cuando el poeta tenía cuatro años. Detrás de él se ve una gran fotografía de alguien que se le parece. Está con un espléndido traje de militar. Es su padre vestido de coronel del Ejército cubano. Una imagen de treinta y tres años que en 1919 dejó de envejecer víctima de la influenza.

En todos los otros marcos pintura cubana contemporánea. Ahí está, en una sinfonía de colores, la estampa juvenil de Lezama tal como la vio hace unos años la pupila de Arche. Es un rostro alargado, impasible y lampiño. Pero lo mejor y más intencionado de la tela son esas manazas que el pintor le ha adjudicado al poeta. Son las manos creadoras de la

Muerte de Narciso, de *Enemigo rumor*, de *Aventuras sigilosas*, de *La fijeza*, de los ensayos de *Analecta del reloj*. Las mismas manos poderosas e incansables que han trabajado en la función y en el itinerario de esas revistas que han sido *Verbum*, *Espuela de Plata*, *Nadie Parecía* y en *Orígenes*.

Unos prodigiosos y casi metafísicos gallos de Mariano, una tierna y azulada tarde de parque hecha por Escobedo con dos muchachas y dos sombrillas, un rígido rostro en la sala, pero en la saleta contigua, donde ya aparece la presencia de libros en dos libreros densamente cargados, y en el comedor de la casa, y en el desordenado despacho del poeta, hacia dondequiera que se claven las pupilas, el encuentro grato y maravilloso de la plástica actual. Es Mariano de nuevo, y la gran Amelia, y el frustrado Arístides Fernández, y Arche otra vez, y Mijares y Portocarrero.

Y entre tanto rostro quieto, mudo, clavado en la tela el rostro todo sonrisa y la cabeza toda blanca de la madre del poeta, que manda primero café y que después que se ha oído casi dos horas el verbo erudito y elegante del hijo ilustre, quiere rubricar su cortesía con un cacao frío, espeso, espirituoso, y animador, que ofrece ella misma.

Ésta es la mesa de trabajo del poeta. Una mesa simple, sencilla, sin arte alguno. Una mesa cualquiera. ¿Qué hay en ella? Es una colección de miniaturas. Una estupenda maternidad donde hay una cara de madre en todas sus dimensiones y una cesta colgante de un brazo y provista de todo su libre movimiento. Un coyote sin fiereza. Un dios de la abundancia. Una tortuga cargada de simbolismo y como una réplica transida de sabiduría para la celeridad de Aquiles. Y un caracol gaditano, que es el más barroco de los caracoles. Y un cofre alemán, labrado en plata. Y un Narciso lleno de gracia. Y en las paredes, entre los cuadros, láminas. Una reproducción de la mascarilla de Pascal, con toda su gran nariz disparada en búsqueda intelectual y su boca seca, hundida y fúnebre. Y el rostro severo de Góngora. Y Martí, el único gran clásico que en tres siglos ha producido la lengua española, el que llenó de luz ofuscadora el barroquismo de Gracián y de Quevedo, el que tiene dimensiones de cíclope al lado de ese artífice de taracea, de Correa y Covarrubia que es Gabriel Miró.

Así habla Lezama en este despacho suyo sin lujos inútiles, con dos rústicos y altos libreros en desorden, con una máquina de escribir, que usa solamente para la transcripción, porque él crea y recrea sentado en un sillón con una tabla que descansa sobre los dos brazos de madera.

***

José Lezama Lima vive y trabaja dentro del inefable mundo de la poesía. Se levanta temprano. Va a la Dirección de Cultura del Ministerio de Educación, donde ejerce especiales funciones de asesor. A la imprenta de Úcar, en donde se está tirando el próximo número de *Orígenes*. A recorrer las librerías. A visitar a alguno de sus grandes amigos, a Cintio Vitier, a Baquero, a Octavio Smith, a Eliseo Diego, a Lorenzo García Vega, a Roberto Fernández Retamar, a Gaztelu, a Julián Orbón, a Portocarrero, a Amelia Peláez, porque tiene el don, la vocación y la afición de la amistad. Después del almuerzo la siesta. Por la tarde las nuevas andanzas. Y por la noche, en su silencio, en su reposo, en su soledad, la lectura y la creación, allá después que han entrado en el reloj las horas de la madrugada.

Fue siempre un infatigable lector. Nació con el instinto de la lectura, de la que fue el asma un oportuno cómplice. El muchacho se leyó completas las colecciones de Hugo y de Dumas. Después vino el encuentro deslumbrador de Marcel Proust, que recorrió en todo su trayecto para aprender el valor inefable de un patio, de una abuela, de un hogar. Luego Chesterton, el del catolicismo poético, y Maritain, el de la catolicidad dialéctica. Y los clásicos españoles, con larga y gozosa estación en Góngora, y en Gracián y en Quevedo. Y luego comenzaron los poetas, y desfilaron Poe, Baudelaire y todos los simbolistas. Y el catolicismo volvió con Claudel. Y entonces, y después, y siempre, y ahora, San Agustín y Santo Tomás. Y Platón.

Lee de todo, porque ante todo tiene una afilada curiosidad. Lo mismo versos, que filosofía, que historia. Para que nada quede fuera, se mete entre las páginas que pueden resultarle más molestas. Éstas son, principalmente, las existencialistas de Sartre y de Camus. No ve en esa actitud filosófica una fuente de libertad, sino una vaciedad y una regresión. Una desoladora sequedad vital.

Después que lee, después de ese viaje por la creación ajena, mecánicamente cae el poeta en la creación propia. Y no hay día en que no trabaje. Primero es la nebulosa, la aparición en bloque. Es un instante puramente cuantitativo. Luego viene el lento proceso de reducción que se traduce en una profunda, laboriosa, racional y gozosa artesanía, a través de la cual, como en un conjuro, el poeta, transido de gracia, con el espíritu estremecido, amasa, modela, configura e ilumina al poema.

¿En qué consiste la poesía de Lezama, esta poesía difícil, hermética, que aturde y desconcierta? Es una poesía sencillamente distinta, que rompe la tradición cubana y española y que irrumpe con una fuerza agresiva y violenta. Ahí están dentro de ella, dentro de su gran estructura, una estructura arquitectónicamente abierta a los más lejanos y anchos horizontes, los despojos de la lógica, de la gramática, de la retórica, de la física. Todas las viejas leyes del mundo cotidiano y del universo poético aparecen deshechas y desechadas por este poeta que entiende la poesía como algo superior a un mero lujo de los sentidos, como algo mayor que una música para vaciar las vibraciones sentimentales o intelectuales de la persona.

A lo personal del mundo lírico, Lezama opone la cosmovisión de su poética. En vez de dar dolor, o ilusión, aspira a dar una interpretación de la vida, una concepción del Universo, una filosofía del hombre y de su destino, una colosal cosmogonía. Es una poesía metafísica, filosófica, teológica, tal como lo fueron la de Lucrecio, la de Dante, la de Goethe.

Es un sistema, en una concepción dialéctica, en una aventura en busca de la esencia de la vida, del hombre, del mundo. Es una búsqueda a través de la lucidez, de la razón, del intelecto, de la gracia, en pos del cogollo central que vibra en la entraña humana, que rige el movimiento de los siglos y que da sentido y forma y poesía a toda a vivienda cosmológica.

Una poesía así, tan fuera de lo cotidiano, de las medidas normales, tiene que resultar oscura, impenetrable. Pero, ¿qué es la oscuridad y la claridad del verso?, pregunta Lezama. ¿No hablaba Homero de una voz de lirio? ¿Tienen acaso los lirios el don de la palabra? Claro que él, como protagonista de su verso, lo ve claro, fácil, transparente. No puede colocarse frente a su poesía como un espectador.

Pero a través de una justificación con que quiere defenderse recuerda cómo los coetáneos de Petrarca, muy culturalmente trajinados, entendían una poesía también aparentemente muy difícil. Y evoca la presencia de Valéry en la Sorbona y a Tagore. La más recóndita poesía fue entonces vista sorprendentemente con la misma diafanidad del agua.

Es que hay que comenzar por aceptar la abolición de las leyes que fueron abolidas en la creación. Es que hay que llevar a la mente a la misma concentración mental que consumó el poeta. Es que hay que colocarse en su mismo plano cosmológico, en su misma vital actitud filosófica. La del hombre que se pone delante del mundo para verle su misterio. Para captárselo, para explicárselo, para entendérselo.

Y ante este afán de totalidad, de universalidad, rechaza el poeta toda adjudicación surrealista. No hay en él rezagos de impresiones, ni inspiraciones oníricas, sino un idealismo absoluto, una racional lucidez disparada hacia el misterio. Su poesía es una filosofía y no un delirio. Es un sistema y no un sueño. Es una razón y no una inconsciencia.

Es, en definitiva, una poesía religiosa, católica, por lo universal, por lo ecuménica, por lo absoluta. Y es que Lezama es un católico profundo. Maritain lo convenció y Chesterton lo conmovió. San Agustín y Santo Tomás hicieron el resto. Pero este catolicismo suyo es ante todo de búsqueda, de inquietud, de afanoso desplazamiento en pos de ese sólido alimento espiritual que ofrece y otorga la Iglesia de Roma como ninguna otra religión ni filosofía. A través del dogma católico, con los poéticos y maravillosos misterios de la transustanciación y de la resurrección, tan aparentemente absurdos, tan temerarios, el hombre le ve sentido, hermosura y razón a su destino. Ve la exposición de su presencia. Ve la nobleza y la gloria de su sino.

Y con este dogma católico, y con esta poesía absoluta que quiere abarcar los siglos y el mundo, anda Lezama sus pasos firmes por la tierra. Totalmente convencido de su poética, de la poética de su verso y de la poética de su prosa, no menos intrincada que la otra.

Olvidado totalmente de que es abogado, está metido en su mundo, sin vanidades frívolas, pero con un recio orgullo. Ni se exhibe ni se afana. Lentamente, morosamente, escribe casi todos los días en los inacabables capítulos de *Paradiso*, la larga novela en que a través de él aspira a ofrecer el itinerario de su generación con todas sus frustraciones y angustias.

Y listo para la imprenta tiene un nuevo tomo de versos, que esperan por las manos del linotipista y por el título. Y mientras, anda con el trajín de *Orígenes*, cuyos diez años quiere Lezama alargar en el tiempo sin importarle nada ni nadie que no sea su voz, su destino, su misión. Misión, destino y voz que comprende a todos los poetas y escritores que lo rodean y acompañan en esta insurreccional aventura que pone estremecimientos cismáticos en la literatura cubana y que se proyecta sobre el futuro con un audaz ademán.

(*Diario de la Marina*, 3 octubre 1954)

Verbum: primer signo de una generación

Manuel Marcer

Decía Juan Jacobo Rousseau que «la mejor escuela está a la sombra de un árbol». Tras la paradoja, quiso el célebre filósofo y gran escritor expresar un pensamiento trascendental: el material es necesario, la cantidad también, pero es en la calidad donde radica la influencia de la obra educativa, ora en los libros, ora en la tribuna o en la prensa escrita o hablada.

Y eso fue la revista *Verbum*: calidad; tarea magnífica de orientación, tribuna de exposición valiente y mesurada; un libro abierto que recogió y difundió las más elevadas manifestaciones del espíritu literario y artístico, mediante la colaboración inteligente y brillante de profesores de la Universidad de La Habana, estudiantes e intelectuales y artistas que lucharon por implantar en nuestro país un ideal de arte nuevo y renovación en los modos de nuestra sensibilidad.

Verbum fue concebida con un programa, como órgano oficial de la Asociación Nacional de Estudiantes de Derecho de la Universidad. Su primer número, de sesenta y ocho páginas, esmeradamente impreso y sin la sombra de una errata, apareció el día 22 de julio del año 1937. En su machón están los nombres de sus redactores y fundadores responsables: René Villarnovo, Director; J. Lezama Lima, Secretario; y, en su Consejo de Redacción: Manuel Lozano Pino, Manuel Menéndez Massana, Felipe de Pazos, Antonio Martínez Bello y Guy Pérez Cisneros.

El saludo inicial, es como una advertencia que la revista *Verbum* hace a profesores, estudiantes e intelectuales por igual, con un sentido admirable de buen juicio y responsabilidad; vale decir, que el pensamiento del editorialista de *Verbum* en 1937 mantuvo su vigencia en los años sucesivos... Por un momento, vale la pena una retrotracción a aquel minuto histórico que vivió nuestro país, el estudiantado y las clases intelectuales.

«No hay duda alguna —dice— que nuestra Universidad en su fase actual —consecuencia de etapas sucesivas de ociosas vacaciones y entusiasmos superficiales—, atraviesa el momento subrayable en que el dolor de no haber sabido articular la expresión, empieza a recorrerla. Es ya un claro signo.

«Quisiera la revista *Verbum* ir despertando la alegría y continuidad necesarias reuniendo los sumandos afirmativos para esa articulación que ya nos va siendo imprescindible, que ya es hora de ir rindiendo.

«Estamos urgidos de una síntesis, responsable y alegre, en la que podamos penetrar asidos a la dignidad de la palabra y a las exigencias de recalcar un propio perfil, un estilo y una técnica de civilidad. La función y la búsqueda de ese estilo consistirán en el necesario aislamiento y rescate de aquellas fuerzas de sensibilidad y de fervor que puedan pasar a esa síntesis, dignidad rectora del ser que desplaza forzosamente el símbolo de la nueva ciudad dignificada...».

Y termina enfatizando:

«Frente a la afirmación pesimista de la decadencia universitaria, afirmamos que ya son muchas las voces que empiezan a oírse para situarle a la Universidad una equidistancia de la irresponsabilidad multitudinaria como del pragmatismo del especialista, incapaz de brindarnos una decisiva conclusión de unidad y de fervor. Desde el humanismo clásico, reclamado por Paul E. More y E. R. Curtius, hasta el humanismo integral que se está dictando de nuevo en la severa cátedra escolástica de Maritain, parece que la Universidad asumirá una suprema postura de dignidad disciplinante, que no será el simple virtuosismo, que no será la jaculatoria, el grito o aspaviento...».

Por las anteriores consideraciones que dejamos transcriptas —de la que fuera plataforma o programa de la revista *Verbum*—, fácil resulta comprender que respondieron a un momento crucial que predominaba en aquellos días, tal vez en uno de los más críticos períodos y época de grandes agitaciones y confusionismo político.

No era *Verbum*, sin embargo, una revista política, caricaturesca, de chascarrillos ni chistes groseros en contradicción con las normas obligadas de lo que debe ser un órgano universitario, orientado y dirigido para la formación intelectual de una juventud estudiosa que anhela superarse, buscando los «tesoros de la sabiduría donde está la glorificación de la vida», como reza una antigua leyenda.

Así vemos en sus páginas un desfile magnífico de verdaderos maestros de la literatura, de la poesía y de las artes en sus más variadas manifestaciones.

En su número inicial, (Año I, No. I, junio de 1937), publica este mensuario universitario un trabajo interesante el gran escritor Juan Ramón Jiménez, intitulado «Brazo español». Es un resumen de celebridades del arte hispano.

Otros trabajos que aparecen en *Verbum*, en su primer número, son los siguientes: «El secreto de Garcilaso», por José Lezama Lima; «Juventud de un intelectual puro», por Julián Benda; «Presencia de ocho pintores», por Guy Pérez Cisneros, para los que huelgan los comentarios.

Y en la misma forma, en los números sucesivos que fueron apareciendo posteriormente con las inapreciables colaboraciones de Luis Amado Blanco, «Aprendiendo a ensayar»; de Paul Claudel, «Descartes»; los «Poemas» de Justo Rodríguez

Santos; «Hacia una nueva conciencia histórica», de Emilio F. Camus, y la «Epístola a Pablo Picasso», por Eugenio D'Ors.

También aparecen los poemas póstumos de Federico García Lorca; «Hacia una nueva idea del derecho», por Ángel Gaztelu; y, entre otros muchos, un trabajo intitulado «Gracia eficaz de Juan Ramón y su visita a nuestra poesía», de José Lezama Lima.

Primer signo de una generación

Pero, sin más preámbulos ociosos, vamos a que sea el propio doctor José Lezama Lima, bachiller en Letras y Ciencias, en el año 1929; abogado, en el año 1938; Fundador, Secretario y Director que fue de la Revista *Verbum*, de *Espuela de Plata*, *Nadie Parecía*, *Orígenes*; y autor de las obras publicadas *Enemigo Rumor*, *La Fijeza*, *Aventuras sigilosas*, *Analecta del Reloj*, *La Expresión Americana*, *Tratados en La Habana*, *Dador*; y, en preparación, la novela *Paradiso*, quien mejor que nosotros, haga un recuento y exposición de lo que fue la revista *Verbum* y los fines que perseguía.

El doctor Lezama, actualmente Director del Centro de Investigaciones Literarias de la Sociedad Económica de Amigos del País, agradeció nuestra visita a su despacho particular y, sin ocultar su satisfacción al confluir en ese instante el recuerdo de sus días de estudiante universitario y de sus desinteresados esfuerzos en unión de otros compañeros de estudio, que soñaron con la elevación moral y material de la alta casa de la sabiduría, sin la estrechez de miras del apasionado, retrotrayéndose a una distancia de casi treinta años, con acento firme y envidiable memoria, en relación con la revista *Verbum*, nos dijo así:

«*Verbum*, significa movimiento, acción decisión. Movimiento inicial, ciertamente, de una generación que se caracterizó por un trabajo poético; que se continuó a través de revistas sucesivas que, sin tener carácter estrictamente universitario, estaban animadas de idénticos propósitos.

«*Verbum* —continuó exponiendo—, fue el primer signo de una generación que se caracterizó por un trabajo poético; que se continuó a través de revistas sucesivas que, sin tener carácter estrictamente universitario estaban animadas de idénticos propósitos.

«*Verbum* —continuó exponiendo—, fue el primer signo de una generación que ha sido llamada la «generación de *Espuela de Plata*», y, más generalmente, la generación de *Orígenes*, de la que se hicieron cuarenta números solamente, en los que se publicaron trabajos de los mejores escritores cubanos y extranjeros, entre los cuales cabe mencionar a Jorge Santayana, el gran poeta T. S. Eliot (recién fallecido); Williams Charles Williams, Wallace Stevens y otros, que harían demasiado extensa la lista.

«*Verbum* —subrayó—, captó la fuerza inicial de esa generación, que continuó expresándose en *Espuela de Plata*, *Nadie Parecía* (10 cuadernos publicados); y, como ya dijimos, *Orígenes*.

«*Verbum* —que solo tuvo tres meses de duración (tres números), por falta de recursos económicos—, es una revista que no ha sido muy frecuente en los ambientes estudiantiles. Se recogen escritores que tratan asuntos de gran resonancia. Así como, por ejemplo, se recogen la «Epístola a Pablo Picasso», de Eugenio D'Ors, y, con motivo del centenario de Descartes, se publicó un artículo de Paul Claudel que constituía una ruda negación de ese filósofo. Se ha recogido, también, la palpitación universitaria, como en el tema de las oposiciones a cátedras, publicación de textos de referencias, y otros trabajos».

El doctor Lezama hace una pausa, para continuar exponiendo:

«Los colaboradores de la revista *Verbum* fueron profesores de la Universidad, estudiantes, intelectuales y artistas que se esforzaron por la implantación de un arte nuevo en nuestro país.

«Es muy notable el trabajo que publicó Guy Pérez Cisneros —que entonces era estudiante de Derecho y Filosofía y Letras—, sobre nuestros pintores. (Lezama, abre un paréntesis para consignar la fatalidad del fallecimiento de Pérez Cisneros, a los treinta y siete años de edad, después de haber dejado una sólida labor como crítico de arte y una labor internacionalista a favor de los países subdesarrollados). Revisa Cisneros nuestros principales artistas plásticos, muestra un agudo criticismo y establece lo que pudiéramos considerar como un prolegómeno a la crítica de arte que habría de desarrollarse en años posteriores, y de la cual, incuestionablemente, Pérez Cisneros fue una de sus más connotadas figuras.

«La revista *Verbum* —recalcó el doctor Lezama— procuraba aunar el centro coincidente de profesores capacitados, alumnos inquietos y artistas de libre expresión, que, andando el tiempo, en la poesía y en pintura habían de dar sus más cuajados frutos. Y, a pesar de que *Verbum* solo pudo publicar tres números, basta revisarla para darnos cuenta de sus propósitos de innegable gravedad histórica y de certero criterio acerca de nuestra expresión artística.

«Fue, en realidad —afirmó—, una *reacción* aquel tipo de revista estudiantil, en contraste con las de tipo burlesco, de chascarrillos indeseables, de retratitos de bellezas de concurso y de puyas y de alusiones inmediatas y groseras...».

Un potro sin freno

Refiriéndose a la época en que surge la revista *Verbum*, el doctor Lezama Lima, presenta el cuadro siguiente:

«Fue una época desorientada, de la cual se podría decir lo que alguien dijo de un gran poeta español: 'Potro gallardo, pero va sin freno'. Rebajándole la frase en los de 'gallardía', el ir sin freno fue su principal característica. Se sucedían los tumultos universitarios, cuantía la algazara sin que se borrara la confusión. Fue, entonces, cuando surgió esa revista, que revela la fuerza germinativa de todo hecho espiritual que, aunque oculto, en su superficie, en su interior secreto, sigue desarrollándose, como lo revela el hecho —no sin cierta emoción para mí—, que el periodista, para la revista VIDA UNIVERSITARIA, me pregunte ahora por aquella labor queridísima; y yo, con alegría, le responda que donde quiera que irradió el espíritu, sus huellas son eternamente imperecederas, como lo demuestra el hecho de que a casi treinta años, la revista *Verbum* despierte motivaciones en el ánimo de los estudiosos».

«Queríamos —insistió el doctor Lezama—, mostrar esa obra de seriedad universitaria para que los distintos ámbitos de la nación se fueran informando de aquellos nobles propósitos. Creímos, en fin —como seguimos creyendo—, que *toda obra de calidad* tiene una fuerza irradiante que se va convirtiendo en una alegría para todos...».

Y terminó diciendo el doctor Lezama Lima:

«Al mismo tiempo que se iba haciendo esta revista, se encontraba en La Habana la venerable figura del gran poeta Juan Ramón Jiménez. Muchos de los que éramos estudiantes en aquellos días, le visitamos. Fue frecuente en *Verbum* la colaboración del ilustre escritor. Yo recuerdo dos trabajos de Jiménez. Uno, sobre la ciudad de Nueva York, en que la enjuicia de una forma muy acerba. El otro artículo, es una colección de semblanzas sobre poetas españoles. La amistad con este eminente bardo le fue muy valiosa a todos los jóvenes, entonces; y que ahora, siguiendo la frase del filósofo Federico Nietzsche, de «no somos jóvenes pero nos estamos convirtiendo en jóvenes», el acierto principal de la revista *Verbum*, quizás fuera eso: enseñó a ser joven, nos dio la lección de que cada instante de la vida es un convertirse en jóvenes y, con toda madurez, es el centro de una juventud tan desatada como atada...».

(*Vida Universitaria*, n. 175-176, marzo-abril 1965)

Printed in Poland
by Amazon Fulfillment
Poland Sp. z o.o., Wrocław
18 June 2026

ced2346d-43a1-4db5-8fa2-7073431b8f90R01